ERLANGER STUDIEN ZUR ETHIK IN DER MEDIZIN

Band 6

Verantwortung für das Menschliche

Hans Jonas und die Ethik in der Medizin

Hans-Jonas-Gedenkvorlesung

von

Dietrich Böhler (Berlin)

mit einer Einleitung und einer Kurzbibliographie

herausgegeben von

Andreas Frewer (Berlin)

Verlag Palm & Enke

Erlangen und Jena

1998

Herausgeber: Andreas Frewer
Universitätsklinikum Charité (Humboldt-Universität)
Campus Virchow-Klinikum
Innere Medizin, Nephrologie und Intensivmedizin
Augustenburger Platz 1
13353 Berlin

Titelbild: Hans Jonas (1903-1993)
im Alter von 84 Jahren (1987)

Rückseite: Schreibtisch und Bibliothek in seinem
Wohnhaus in New Rochelle bei New York

Originalphotographien von Frau Gabrielle Jonas,
mit Einverständnis von Frau Lore Jonas freundlicher-
weise für den vorliegenden Gedenkband
zur Verfügung gestellt

Die Deutsche Bibliothek - CIP-Einheitsaufnahme

Verantwortung für das Menschliche, Hans Jonas und die Ethik in der Medizin :
Hans-Jonas-Gedenkvorlesung / von Dietrich Böhler.
Mit einer Einl. und einer Kurzbibliogr. hrsg. von Andreas Frewer. -
Erlangen ; Jena : Palm und Enke, 1998
(Erlanger Studien zur Ethik in der Medizin ; Bd. 6)
ISBN 3-7896-0589-1

Inhaltsverzeichnis

ANDREAS FREWER

Verantwortung für das Menschliche -
Hans Jonas und die Ethik in der Medizin

Einführung

Dieser Band ist dem Gedenken an die schöpferische Leistung und die beeindruckende Persönlichkeit des Philosophen Hans Jonas gewidmet: Am 10. Mai 1998 wäre Hans Jonas 95 Jahre alt geworden, der 5. Februar 1998 ist sein fünfter Todestag. Seine Person steht in vielfältiger Weise für geistige Bearbeitung und intensive Auseinandersetzung mit den Konflikten des 20. Jahrhunderts.[1] Hierbei sollte man gleichfalls auch an die ernsten Einschnitte in diesem Jahr erinnern:[2] Der Zeitpunkt seiner Emigration nach der Machtübernahme 1933 - zunächst nach London, dann nach Palästina - liegt 65 Jahre zurück, vor 50 Jahren verteidigte er als Soldat der israelischen Armee insbesondere seine neue Heimstätte Jerusalem.[3]

---

[1] Zur Biographie von Hans Jonas sei u.a. verwiesen auf Wetz, F. J. Hans Jonas - Zur Einführung. Junius Verlag, Hamburg, 1994. Eine kurzer biographischer Abriß findet sich auch in: Böhler, D. (Hrsg.) Ethik für die Zukunft. Im Diskurs mit Hans Jonas. Verlag C.H. Beck, München, 1994, Seite 459. Im folgenden wird dieser Band zitiert als "EZ".

[2] Die ersten *Berliner Jonas-Tage* beginnen am 10. Mai mit einer Veranstaltung im Centrum Judaicum ("Stiftung Neue Synagoge"); Schwerpunkt der *Jüdischen Kulturtage* in Berlin ist 1998 das 50jährige Bestehen des Staates Israel.

[3] Zu Jonas' Ansatz von Moraltheorie und Religionsphilosophie *nach Auschwitz* siehe auch Hans Jonas, Der Gottesbegriff nach Auschwitz. Eine jüdische Stimme. Suhrkamp, Frankfurt/M., 1987 sowie Wiesemann, C. und Frewer, A. (Hrsg.) Medizin und Ethik im Zeichen von Auschwitz, Erlanger Studien zur Ethik in der Medizin, Band 5, Verlag Palm & Enke, Erlangen und Jena, 1996.

Die vor nahezu zwanzig Jahren erschienene Studie "Das Prinzip Verantwortung. Versuch einer Ethik für die technologische Zivilisation"[4] ist zu einem Schlüsselwerk für die Auseinandersetzung der Moralphilosophie mit dem Kernproblem unserer Menschheit geworden: Bewahrung der Schöpfung und einer humanen Lebensweise, Begründung und Bewährung der Ethik angesichts der potentiellen globalen Katastrophe. Während das "Prinzip Verantwortung" geradezu zum Inbegriff einer Kultur der Reflexion über Existenzprobleme und die moderne Conditio humana geworden ist, sind die daran anschließenden Überlegungen zu "Technik, Medizin und Ethik"[5] nicht gleichermaßen präsent im öffentlichen Diskurs. Gerade hier hat Hans Jonas für eine "Praxis des Prinzips Verantwortung" verschiedene Teilanalysen vorgelegt, die sehr früh Kernprobleme im Bereich der Medizinethik thematisierten. Neben grundlegenden Beiträgen zu Moraltheorie, Forschungsgrenzen und Technikphilosophie[6] stehen in diesem Band genuin medizinethische Fragen im Brennpunkt: Jonas erörterte Eugenik und Gentechnik[7], Probleme der Hirntoddefinition wie

---

[4] Hans Jonas. Das Prinzip Verantwortung. Versuch einer Ethik für die technologische Zivilisation. Insel, Frankfurt/M., 1979. Neuauflage als Suhrkamp Taschenbuch, 1984.

[5] Hans Jonas. Technik, Medizin und Ethik. Zur Praxis des Prinzips Verantwortung. Insel, Frankfurt/M., 1985.

[6] Siehe u.a.: Toward a Philosophy of Technology, Hastings Center Report, IX (Februar 1979), 34-43. Deutsch unter dem Titel Philosophisches zur modernen Technologie, in: Fortschritt ohne Maß? Eine Ortsbestimmung der wissenschaftlich-technischen Zivilisation, Piper, München, 1981. Wieder-abgedruckt in: Technik, Medizin und Ethik, 1985, 15-41.

[7] Siehe u.a.: Straddling the Boundaries of Theory and Practice: Recombinant DNA Research as a Case of Action in the Process of Inquiry, in: J. Richards (Ed.) Recombinant DNA: Science, Ethics and Politics. Academic Press, New York, San Francisco, London, 1978, 253-271. Deutsche Übersetzung unter dem Titel Freiheit der Forschung und öffentliches Wohl in: Scheidewege XI/2 (1981) sowie in: Technik, Medizin und Ethik, 1985, 90-108.

ethische Konflikte am Lebensende[8] - *"ärztliche Kunst und menschliche Verantwortung"*[9] war ein Schlüsselbereich seiner praktischen Bemühungen für die angewandte Ethik.[10] Die *Permanenz echten menschlichen Daseins* als Imperativ von Jonas' Verantwortungsethik wurde überwiegend in Richtung einer drohenden Apokalypse der Menschheit aufgegriffen und diskutiert. Ein vielfach schwieriger zu umreißendes Aufgabenfeld - die Wahrung *echten menschlichen Daseins,* nicht lediglich eine Weiterexistenz - ist jedoch einer ebenso großen Bedrohung ausgesetzt. Die Medizinethik problematisiert viele Aspekte dieses Bereiches, Jonas hat sich in zahlreichen grundlegenden Arbeiten damit auseinandergesetzt. So hat es auch jüngst Lore Jonas in einem persönlichen Gespräch an der Freien Universität Berlin im August 1997 formuliert:[11] Ihr Ehemann sah in der Bearbeitung medizinethischer Fragen eine zentrale Aufgabe moralphilosophischer Bemühung, in diesem Feld konzentrierte sich gerade in den letzten Lebensjahren seine Sorge um die Zukunft einer *humanen* Gesellschaft in besonderer Weise.[12] Jonas ist

---

[8] Siehe u.a.: The Right to Die, Hastings Center Report, VIII, Nr. 4 (August 1978), 31-36. Wiederaufgenommen in deutscher Übersetzung in: Technik, Medizin und Ethik, 1985.

[9] Ärztliche Kunst und menschliche Verantwortung lautete der Titel des siebten Kapitels in Jonas' Sammelband Technik, Medizin und Ethik. Zur Praxis des Prinzips Verantwortung und wurde erstmals 1983 in Band 39, Heft 4 von Renovatio veröffentlicht.

[10] Zur Grundlegung medizinischer Ethik und der Verantwortung ärztlicher Kunst sei hier insbesondere auch auf Wiesing, U. Zur Verantwortung des Arztes, Verlag frommann-holzboog, Stuttgart, 1995 verwiesen.

[11] Aussage von Frau Lore Jonas in einem Gespräch mit dem Verfasser im Rahmen eines Kolloquiums von Dietrich Böhler an der Freien Universität Berlin, August 1997.

[12] Darüber hinaus soll an an dieser Stelle betont werden, daß Jonas auch zu weitreichenden Problemen der Medizin- und Biologie-Theorie Stellung genommen hat. Siehe u.a. in: Organismus und Freiheit. Ansätze zu einer philosophischen Biologie. Übersetzung aus dem Englischen. Vandenhoeck & Ruprecht, Göttingen, 1973 sowie Macht oder Ohnmacht der Subjektivität? Das

sowohl bezüglich des Begründungsansatzes seiner Moraltheorie als auch der Inhalte einiger medizinethischer Thesen kritisiert worden:[13] "Against the stream"[14] nannte er seine Argumente zur Hirntoddefinition und stellte sich dabei insbesondere gegen manche Strömungen der Tranplantations-medizin seit Ende der 60er Jahre.[15] Seine in der Verantwortungsethik formulierte *Heuristik der Furcht* kann aber auch heute in scheinbar eingefahrenen und legitimierten Bereichen der modernen biomedizini-schen Wissenschaften eine fruchtbare Hinterfragung darstellen. Durch die argumentative Intensität seines Werkes, die Nähe zu moralischer Intuition und nicht zuletzt die Integrität seiner Person hat Jonas für die Ethik in der Medizin eine "Heuristik der *Ehrfurcht*" begründet. Welche Autorität und Reputation Hans Jonas für den medizinethischen Diskurs gerade in Deutschland besaß, sei nur an zwei kurzen Beispielen verdeutlicht: In einer Phase, als die sogenannte "Euthanasie-Debatte" insbesondere im deutschsprachigen Raum zu extrem verhärteten Diskussionsfronten geführt hatte, wurde Hans Jonas als *die* geachtete Person in einer

---

Leib-Seele-Problem im Vorfeld des Prinzips Verantwortung. Insel, Frankfurt/M., 1981.

[13] Als neuere Arbeit zur Fundierung der Ethik und praktischen Problemen in Bezug auf die Medizin siehe Maio, G. (1997) Das Prinzip Verantwortung in der Medizin. Eine kritische Würdigung der Verantwortungsethik von Hans Jonas, in: Frewer, A. und Winau, R., Geschichte und Theorie der Ethik in der Medizin, Grundkurs Ethik in der Medizin, Band 1, Verlag Palm & Enke, Erlangen und Jena, 1997.

[14] Jonas, Hans. Against the stream: comments on the definition and redefinition of death. In: Philosophical Essays: From Ancient Creed to Technological Man, 1974.

[15] Siehe hierzu auch Wiesemann, C. Grenzen des Lebens, Grenzen der Person? Zur Debatte um 'Hirnleben' und 'Hirntod', in: Frewer, A. und Rödel, C. (Hrsg.) Person und Ethik. Historische und systematische Aspekte zwischen medizinischer Anthropologie und Ethik, Erlanger Studien zur Ethik in der Medizin, Band 1, Verlag Palm & Enke, Erlangen und Jena, 1993, Seite 67-85 sowie Weiss, B. (1991) Rezeption der Einwände von Hans Jonas gegen die Feststellung des Hirntodes als Tod des Menschen, Dissertation, Erlangen-Nürnberg, 1991.

großangelegten ZEIT-Artikel-Reihe um seine Stellungnahme zu Fragen von Sterbebegleitung und Ethik am Lebensende gebeten.[16] Auch in der Frage des "Erlanger Falles" einer hirntoten Schwangeren, der bundesweit intensive Emotionen und Diskussionen auslöste, war seine Meinung und Perspektive von besonderem Interesse.[17] Eine Reihe von wichtigen internationalen Publikationen hat sich seit seinem Tode der Verantwortungsethik in der Medizin zugewandt.[18] Die weitreichenden Auswirkungen Jonasscher Philosophie werden in der Rezeptionsanalyse und der Bibliographie am Ende dieses Bändchens exemplarisch verdeutlicht.

Die *Hans-Jonas-Gedenkvorlesung* wurde ursprünglich am 21. Juli 1993 im Rahmen einer Abendveranstaltung in Erlangen gehalten. Sie fand im Senatssaal des Kollegienhauses statt und war Teil der Semester-veranstaltungen zur Ethik in der Medizin.[19] Für die gute Zusammenarbeit sei an dieser Stelle dem Rektor der Friedrich-Alexander-Universität, G. Jasper, wie auch den Mitarbeitern des Erlanger Instituts für Geschichte der Medizin herzlich gedankt; insbesondere C. Wiesemann, M. Köhler

---

[16] Dönhoff, M. v. und Merkel, R. Mitleid allein begründet keine Ethik - Interview mit Hans Jonas über Euthanasie und Ethik, in: Die ZEIT, 25. 8. 1989.

[17] Hans Jonas, Briefe an den Erlanger Rechtsmediziner und Medizinethiker H.-B. Wuermeling, in: von Hoff, J. und in der Schmitten, J. (Hrsg.) Wann ist der Mensch tot? Organverpflanzung und Hirntodkriterium. Rowohlt Verlag, Reinbek, 1994.

[18] Siehe Bibliographie; für den medizinethischen Bereich sei hier nur auf das 1995 erschienene Sonderheft Nr. 7 (Volume 25) The Legacy of Hans Jonas des renommierten Hastings Center (New York) verwiesen, einem besonders für die Bio- und Umweltethik wichtigen Forschungsinstitut in den USA. Des weiteren siehe u.a. Spicker, S. E. (Ed.) Organism, Medicine and Metaphysics: Essays in Honor of Hans Jonas. Dordrecht, Reidel, 1978. Mit einer Bibliographie der Schriften von Hans Jonas bis 1977.

[19] Die Gedenkvorlesung wurde auf Einladung des Verfassers ausgerichtet, fand in Zusammenarbeit mit dem Institut für Geschichte der Medizin sowie dem Studentenverband Ethik in der Medizin / Regionalgruppe Erlangen statt und war in das Jubiläumsprogramm "250 Jahre Friedrich-Alexander-Universität Erlangen-Nürnberg" integriert.

und C. Rödel waren bei der Durchführung der Vorlesung tatkräftig beteiligt. D. Böhler ist für die Verwirklichung der Ehrenveranstaltung in Erlangen ebenso zu danken wie für sein langjähriges Engagement in der moralphilosophischen Bearbeitung des Werkes von Hans Jonas. Bei dem nachfolgend wiedergegebenen Text handelt es sich um eine erweiterte und modifizierte Fassung des Erlanger Vortrags. Um die medizinethische Spannweite wie auch Wirksamkeit des Werkes von Hans Jonas aufzuzeigen und eine weitere Beschäftigung mit seinen Schriften anzuregen, sind im Anschluß an die Gedenkvorlesung verschiedene bibliographische Nachweise angefügt: Zum einen wurden Bücher und Artikel von Hans Jonas zusammengestellt, andererseits durch Recherchen zur Zitation seiner medizinethischen Texte die Rezeption dokumentiert. Diese können keinerlei Anspruch auf Vollständigkeit erheben, ist doch der indirekte Einfluß auf andere Denker und philosophische Strömungen seiner Zeit ohnehin nicht quantitativ zu erfassen. Die Auswirkungen auf Kritik- und Verantwortungsfähigkeit, Reflexionsstand und Diskurskultur der Gesellschaft kann nicht hoch genug eingeschätzt werden: Die zahlreichen Übersetzungen, Preise und internationalen Ehrungen sind nahezu unüberschaubar geworden.[20] Das an der Universität Konstanz in Einrichtung begriffene Archiv zu seinen

---

[20] Genannt seien hier nur die Verleihung des Friedenspreis des deutschen Buchhandels sowie die Bamberger, Konstanzer und Berliner Ehrenpromotion. Siehe hierzu u.a.: Hans Jonas: Ansprachen aus Anlaß der Verleihung (Friedenspreis des deutschen Buchhandels, 1987) Verlag der Buchhändler-Vereinigung, Frankfurt/M., 1987. Mit einer Hans-Jonas-Bibliographie. Hans Jonas zu Ehren: Reden aus Anlaß seiner Ehrenpromotion durch die Philosophische Fakultät der Universität Konstanz am 2. Juli 1991. Konstanzer Universitätsreden 183. Konstanz: Universitätsverlag Konstanz, 1992. Böhler, D. und Neuberth, R. (Hrsg.). Herausforderung Zukunftsverantwortung: Hans Jonas zu Ehren. Lit Verlag, Münster und Hamburg, 1992. Zweite, erweiterte Auflage 1993. Wuermeling, Hans-Bernhard. Hans Jonas, Ehrendoktor in Bamberg [1990], in: Ethik in der Medizin, Organ der Akademie für Ethik in der Medizin, Jahrgang 3, 1991, Seite 39.

Schriften wird eine zentrale Funktion in der Aufarbeitung des Nachlasses einnehmen.[21] Auch an der Freien Universität Berlin soll ein Hans Jonas-Zentrum[22] dem Werk und Wirken eines der einflußreichsten Moralphilosophen des 20. Jahrhunderts gewidmet werden.[23] Ein anteiliger Betrag jedes verkauften Exemplares dieses vorliegenden Gedenkbandes soll die Berliner Initiative unterstützen.[24]

Wer das Glück hatte, Hans Jonas noch kennenlernen zu können, behält die Erinnerung an einen bescheidenen wie liebenswerten Menschen zurück. Im Rahmen der Feierlichkeiten zu seiner Ehrenpromotion an der Freien Universität Berlin 1992 wurde dies eindrucksvoll deutlich: Die ernsten Gedanken über Zukunftsverantwortung und die Gefahr des Fatalismus angesichts sich türmender Probleme der Menschheit wurden mit geistiger Schärfe und rhetorischer Brillianz ebenso diskutiert, wie durch Jonas' Persönlichkeit gleichzeitig großherziges Engagement und Bescheidenheit vermittelt; sogar Humor fand seinen Platz, als sich Hans Jonas angesichts der Fülle von Ehrenbekundungen gerührt bedankte und gleichzeitig verschmitzt bemerkte, daß selbst bei Abzug der für derartige Laudationes üblichen Übertreibungen noch eine ihn beschämende Breite von Lob übrigbleibe.[25]

---

[21] Das Hans Jonas Archiv wird am 15. Mai 1998 in Konstanz mit einem internationalen wissenschaftlichen Symposium eröffnet. Kontakt: Prof. Dr. G. Wolters, Zentrum für Philosophie und Wissenschaftstheorie, Universität Konstanz, 78457 Konstanz.

[22] Siehe auch das Programm der Berliner Hans Jonas-Tage 1998 vom 10.-14. Mai 1998 sowie im Report 1 des Hans Jonas-Zentrums (1998). Dieser ist erhältlich über: Institut für Philosophie der Freien Universität Berlin, Prof. Dr. D. Böhler, Habelschwerdter Allee 30, 14195 Berlin.

[23] Des weiteren existiert mittlerweile eine Hans-Jonas-Gesellschaft in Wien.

[24] Informationen über: Hans Jonas-Zentrum, Institut für Philosophie der Freien Universität Berlin, Prof. Dr. D. Böhler, Habelschwerdter Allee 30, 14195 Berlin.

[25] Siehe die Beiträge im Rahmen der Berliner Ehrenpromotion in: Böhler, D. und Neuberth, R. (Hrsg.). Herausforderung Zukunftsverantwortung: Hans Jonas

Auf der Rückseite dieses Bändchens ist die Bibliothek seiner Wohnung in New Rochelle wiedergegeben;[26] dieser Ort, an dem Jonas schließlich im Alter von nahezu 90 Jahren - für die moderne Medizin zur Seltenheit geworden: *zu Hause* - gestorben ist, soll als symbolisches Bild für das geistige Nachwirken stehen.

---

zu Ehren. Lit Verlag, Münster und Hamburg, 1992. Zweite, erweiterte Auflage 1993 sowie das Berliner Hans Jonas Video (Institut für Philosophie der Freien Universität Berlin, Prof. Dr. D. Böhler, Habelschwerdter Allee 30, 14195 Berlin).

[26] Schreibtisch und Bibliothek ("Downstairs study of Hans Jonas") im Wohnhaus der Familie Jonas in New Rochelle bei New York; für die Bereitstellung der Originalphotographien sei Frau Gabrielle Jonas und Frau Lore Jonas sehr herzlich gedankt.

DIETRICH BÖHLER

Verantwortung, Dialog und Menschenwürde:
in dubio pro vita quia semper pro responsabilitate

Hans-Jonas-Gedenkvorlesung

Inhalt

Am 10. Mai 1903 ist Hans Jonas, Sohn eines Textilfabrikanten in Mönchengladbach, damals "München=Gladbach", geboren worden. Er lebte, kämpfte und dachte. Er starb am Morgen des 5. Februar 1993 zu Hause in New Rochelle, New York. Tags zuvor war er aus Venedig zurückgekehrt.

Am 30. Januar 1993, sechzig Jahre nach Auslieferung der ersten deutschen Republik an die Nazis, hatte er im norditalienischen Udine seine letzte Ansprache gehalten; sie eröffnet den Dialogband "Ethik für die Zukunft. Im Diskurs mit Hans Jonas", München 1994.[1] Im Einverständnis mit Frau Lore Jonas habe ich ihr den Titel gegeben: *Rassismus im Lichte der Menschheitsbedrohung*. Die Ansprache beginnt mit einer persönlichen Reminiszenz von politisch-ethischer Bedeutung. Der Kriegsteilnehmer, Freiwilliger im Kampf der jüdischen Brigade gegen deutschen Rassenwahn und deutsche Wehrmacht, erinnert sich, wie die Polis Udine als Gemeinschaft der Mitmenschlichkeit gehandelt hatte, indem sie die dort hingelangten Juden vor den italienischen Faschisten, zumal aber vor der SS und der Gestapo verbarg, sie unterstützte und rettete.

(1) *Antwort auf die Ungeheuerlichkeit der technologischen Gefahrenzivilisation: autonome Zukunftsethik, Sinnkritik der Verantwortungsflucht und religiöse Chiffren*

Die auf englisch gehaltene Ansprache ist nicht allein ein Denkmal italienischer und ein letztes Zeugnis von Jonas' eigener Humanität, sie erscheint mir überdies in zwei, drei Hinsichten für sein Denken bedeutsam. Zunächst spiegelt sich darin seine Bemühung, auf die globale Selbstgefährdung der menschlichen Gattung mit einer autonomen

Zukunftsethik zu antworten, für das Ausmaß der Gefahr und die Dringlichkeit einer Umkehr jedoch mittels religiöser Chiffren empfindlich zu machen und auf diese Weise moralische Intuitionen wachzurufen. Seine von "Furcht und Zittern" begleitete Anstrengung, die menschheitliche Verantwortung für die Möglichkeit oder aber die Vernichtung einer menschenwürdigen, nämlich ihrerseits verantwortungsfähigen Zukunft zu denken und die einschneidenden Folgen einer entsprechenden Umkehrmoral zu gewärtigen, bleibt nicht frei von Spuren einer spekulativen Theologie.

Hans Jonas entwickelt eine autonome Ethik der Mitverantwortung der Individuen für das Schicksal der Menschengattung: die Langzeitfolgen des kollektiven Verhaltens in der hochtechnologischen Markt- und Konsumgesellschaft sind den je handelnden Generationen zuzuschreiben. Dann aber sind ihre Glieder und damit wir selbst *mitverantwortlich* dafür, ob und wie künftig Menschheit möglich ist. Eine ungeheuerliche Situation. Noch nie zuvor hatte es das Gattungswesen Mensch selbst in der Hand, seine Gattung ausrotten oder zur Unkenntlichkeit klonen oder zur dürftigsten Existenzfristung nötigen zu können. Dieses Ungeheure zu tun resp. es geschehen zu lassen oder aber es zu vermeiden, wird nun Gegenstand der moralischen Freiheit der Menschheit und damit Gegenstand der Mitverantwortung der einzelnen Menschen.

Vor dem Hintergrund dieser gattungsgeschichtlich neuen Verantwortungssituation, einer Dimension von "metaphysischem" Ausmaß, besteht Jonas darauf, daß wir uns nicht in den Gedanken oder die Glaubenszuversicht flüchten, daß ein allmächtiger Schöpfer seine Schöpfung schon bewahren werde. Die moderne, die methodisch

---

[1] Böhler, D. (Hrsg.) Ethik für die Zukunft. Im Diskurs mit Hans Jonas, Verlag C.H. Beck, München, 1994, S. 178, 189 f, im folgenden zitiert als: "EZ".

atheistische Erfahrung der Immanenz menschlichen Existierens erkennt er als Voraussetzung dafür, das zu denken, ernstzunehmen und wahrzunehmen, was sich die Menschheit zumal durch die Entwicklung und konsumierende Nutzung langzeitgefährlicher Hochtechnologien selbst auferlegt hat: Verantwortung für die Welt und die Menschheitszukunft. Unwiderruflich gehöre es zum Selbstbewußtsein des menschlichen Geistes, daß ihm "kein rettender Gott die Pflicht (abnimmt), die seine Stellung in der Ordnung der Dinge ihm auferlegt". Auch der etwa vom späten Heidegger vorgebrachte Gedanke, daß allein ein Gott uns retten könne, muß demzufolge ins Sinnlose übergehen: Entweder ist er verborgener Ausdruck von Resignation, von Fatalismus bzw. einer anderen Stimmung des Flüchtens vor der Weltverantwortung - dann wäre er unverantwortlich. Oder es liegt die verkappte Behauptung zugrunde, daß ein Allmächtiger existiere, der seine Schöpfung sicher in der Hand halte und sie auch vor der Menschheit schützen werde. Doch die Rede von Allmacht oder einem Allmächtigen ist sinnvoll nicht möglich. Das zeigt Hans Jonas in dem Vortrag über den >Gottesbegriff nach Auschwitz<; in Berlin hat er es 1992 bekräftigt.[2]

Die Sinnkritik an der Rede vom Allmächtigen und an der Flucht in Vorstellungen von einer rettenden Allmacht gehört zu den Eingangsbedingungen einer Verantwortungsethik.

---

[2] Vgl. Böhler, D. (1994) Ethik für die Zukunft. Im Diskurs mit Hans Jonas, Verlag C.H. Beck, München, S. 178, 189 f. Zur Sinnkritik des Allmachtbegriffs auch: Böhler, D. und Gronke, H., Diskurs, in: Historisches Wörterbuch der Rhetorik, hg. v. G. Ueding, Bd. 2, Tübingen (Niemeyer) 1996, S. 764-819, hier: 804-807, bes. 806f. Zur Sinnkritik der klassischen Gottesprädikate aus einer Perspektive radikaler Endlichkeit: A. Wellmers Beitrag zum Religionsphilosophischen Diskurs mit Hans Jonas, in: EZ, S. 182 ff. Für eine dialogische bzw. dialogreflexive Sinnkritik der Annahmen einer radikalen Endlichkeitsposition (aufgrund eines hermeneutischen Kontextualismus): D. Böhler, EZ, S. 271f., Fn. 62; H. Gronke, EZ, S. 419ff. und vor allem Boris Rähme, Die Konsenstheorie der Wahrheit bei Peirce, Habermas und Apel - Forschungspragmatik, Argumentationstheorie oder Diskursreflexion?, Magisterschrift Freie Universität Berlin 1997. (zit.: Konsenstheorie der Wahrheit)

Die Selbstbedrohung der Menschheit ist ein derart tiefer Abgrund, und die sich daraus ergebenden Zukunftsfragen und Handlungsanforderungen an uns haben etwas so Erschütterndes, daß sich Jonas der Vergleich mit den Offenbarungsereignissen aufdrängt, für die Moses, Jesus und Buddha stehen. In dem Berliner Religionsphilosophischen Colloquium hat er jedoch unmißverständlich klargemacht, daß er keinerlei Anspruch auf ein substantielles Orientierungswissen oder gar auf eine theologische Dogmatik erhebt -, auch und gerade dann nicht, wenn er nach und also trotz Auschwitz versucht, den gleichsam liebesmystischen und freiheitsmystischen Gedanken eines Schöpfergeistes und mitleidenden Gottes zu denken. Er ertastet lediglich die Idee eines Gottes, der jeglicher Eingriffsmacht in Naturgeschichte und Menschheitsgeschichte entsagt hätte, um den Menschen Freiheit und Möglichkeit zur Verantwortung zu gewähren, was freilich alle Mißbrauchsmöglichkeiten der moralischen Freiheit einschließt, die sich in der Geschichte finden.

Die fürchterlichsten Gipfel des Freiheitsmißbrauchs hat die Menschheit zu Beginn des hochtechnologischen Zeitalters erklommen. Sie tragen Namen wie Auschwitz, Gulag, Hiroshima - und heute "ökologische Krise". Nun ist das kein Name, sondern ein Begriff. Für Begriffe sind wir als Sprecher verantwortlich. Läßt sich dieser Begriff rechtfertigen - oder ist er eine Selbsttäuschung? Täuschen wir uns mit diesem Ausdruck vielleicht nur darüber hinweg, daß die hochtechnologisch existierende Menschheit nicht etwa eine neuerliche dramatische, aber doch zeitlich befristete Phase, eben eine 'Krise', durchmacht - sondern daß sie einen Gefahrenzustand erreicht hat, der sich nicht wie eine Krise überwinden läßt, sondern ihr anhaftet wie ein Schatten? Wir leben nicht in einer Krise noch in einer Risikogesellschaft, sondern in der hochtechnologischen Zivilisation, deren Innovationen mehr zerstören, als sich prognostizieren und gegenüber künftigen Generationen verantworten läßt. In diesem Betracht ist sie eine *Gefahrenzivilisation* und *Zukunftsgefährdungs-*

gesellschaft. Ist es doch ihr - jedenfalls bislang von uns nicht aufgebrochenes - Gesetz, permanent und permanent schneller, kumulative Langzeitwirkungen hervorzubringen, welche die Fortdauer "echten menschlichen Lebens auf Erden" in Frage stellen, weil sie mit ökologischen und soziokulturellen Lebensgrundlagen auch Freiheits- und Verantwortungsbedingungen künftiger Generationen fortwährend verschlechtern oder gar zerstören. Darauf antwortet das 'Prinzip Verantwortung'.

Im letzten Jahrzehnt des zwanzigsten Jahrhunderts kommt noch hinzu, daß unsere hochtechnologische Zivilisation seit dem Zusammenbruch des Kommunismus auch ein globalisierter Kapitalismus mit Internet-Revolution der Informations-, Kommunikations- und Geschäfts-beziehungen geworden ist - unter dem geradezu besinnungslosen Zeitdruck eines globalen 'time is money'. Geldzeit, Effizienzzeit und Strategiekalkül können Argumentationszeit, republikanische Streit- und Beratungszeit sowie dialogische Vernunft derart aufsaugen, daß die öffentliche Diskussion über Gefahrenzivilisation und Zukunfts-verantwortung zum Sonntagsphänomen wird, daß der Diskurs über die Lebens-, Freiheits- und Moralansprüche künftiger Generationen der Ohnmacht, ja der Vergeblichkeit des Wortes anheimfällt. Die *objektive Gefahr in der Gefahr* des hochtechnologischen Weltkapitalismus ist die systembedingte Verdrängung des Gefahrenzustands.

Dieser objektiven Gefahr zweiter Ordnung gilt es entgegenzuwirken. Der Verantwortungsdiskurs muß in den eigensinnigen, von sich aus nur auf kurzfristigen Funktionserfolg angelegten 'Subsystemen' der Gesellschaft selbst etabliert werden - in Wirtschaft und Politik zumal. Daraus ergibt sich eine besondere gesellschaftspolitische Aufgabensituation der Zukunftsethik. Ethik muß nun für ihre gesellschaftlichen Anwendungsbedingungen sorgen, wenn anders sie Verantwortungsethik sein will. Sie wird allgemeine Zukunftsethik und zugleich Ethik gesellschaftlicher Bereiche, zumal Wirtschaftsethik und politische Ethik, sein müssen. In diesem Sinne haben Hans Jonas und Walther Christoph Zimmerli Gespräche über Technikverantwortung bei Siemens mit Siemensmitarbeitern geführt - organisiert von den Ingenieuren bzw. - Physikern F.-M. Gemmel und H.-R. Schuchmann.[3] Aus diesem Grunde haben 1992, nach der Berliner Ehrenpromotion von Hans Jonas, die mittelständischen Unternehmer Thomas Bausch und Thomas Rusche mit dem Verfasser den Forschungs- und Herausgeberkreis "EWD - Ethik und Wirtschaft im Dialog" ins Leben gerufen[4], welcher Seminare, Diskussionen mit Wirtschaftsvertretern, Ringvorlesungen etc. veranstaltet und wirtschaftsethische Forschungsergebnisse herausgibt.[5] Zur Wahrnehmung solcher Theorie-Praxis-Aufgaben wird eine Institutionalisierung des Verantwortungsdialogs in den Unternehmen selbst hinzukommen müssen; dafür gibt der dialogische Ethik-Kodex der SØR-Herrenausstatter ein gutes, in der unternehmensethischen Literatur bereits gewürdigtes Beispiel.[6]

---

[3] Vgl.: Vom Profit zur Ethik und zurück. Hans Jonas im Gespräch mit Walther Ch. Zimmerli und Mitarbeitern der Siemens AG, in: EZ, S. 224ff.
[4] Vgl. D. Böhler u. R. Neuberth (Hg.), Herausforderung Zukunftsverantwortung. Hans Jonas zu Ehren. Münster (LIT), 2. verb. Aufl. 1993, Vorwort u. S. 62 ff., (zit.: HZV).
[5] Vgl. Verantwortung für die Zukunft - Denken im Dialog. Report Nr. 1 des Hans Jonas-Zentrums, Berlin (FU) 1998, Kapitel IV (zit.: Report 1).
Zur Zeit gibt sich "EWD" auch die passende institutionelle Form, als "Forschungsgruppe" des neu gegründeten "Freundeskreises des Hans-Jonas-Zentrums e.V." mit Sitz in Berlin; zudem haben EWD und das Hans Jonas-Zentrum eine Zusammenarbeit mit dem neuen Berliner Siemens-Forum, geleitet von Michael Sobiszewski †, Professor Wilfried Feldenkirchen und Adrian Grasse, begonnen.
[6] Der dialogethische Verantwortungs-Codex der SØR-Herrenausstatter ist abgedruckt in: Thomas Rusche, Das Diskursmodell der kommunikativen Unternehmensethik – eine Weiterführung des Shareholder- und Stakeholder-Ansatzesn in: H. H. Hinterhuber/ A. Al-Ani/ G. Handbauer (Hg.): Das neue strategische Management. Elemente und Perspektiven einer zukunftsorientierten Unternehmensführung,

Freilich gilt es - schwer genug - nicht allein einer objektiven Gefahr zweiter Ordnung zu begegnen, sondern auch einer subjektiven Gefahr in der Gefahr. Es ist die Gefahr einer Verantwortungsflucht, eines angesichts der ungeheuren und kaum faßlichen Verantwortungslast sehr verständlichen Eskapismus, der sich in zahlreichen Privatisierungsphänomenen und Resignationsphänomenen zeigt. Von Heilsegoismus und neoreligiösem Fundamentalismus bis zu tiefenökologischem Fundamentalismus und mancherlei Fatalismus breiten sich viele Formen der Gegenaufklärung und der Verantwortungsflucht aus. Dabei sind Stimmungen von Positionen zu unterscheiden - verständlich die einen, nicht zu rechtfertigen die anderen.

Wie sollten wir als einzelne angesichts der bedrückenden Mitverantwortungslast und der Ungreifbarkeit des rasanten technologischen Marktsystems gefeit sein vor den "Anfechtungen" wie Resignation, Privatismus, Fatalismus? Als Stimmungen dürften sie den meisten von uns nicht fremd sein. Doch als Positionen lassen sie sich nicht rechtfertigen, weil sie als Behauptungen nicht *sinnvoll* vertretbar sind. Das ist es, was Hans Jonas in der Berliner Ansprache eindringlich dargelegt hat:

"Das bevorstehende Schicksal, das uns droht, das wir uns selber bereiten würden, wenn wir die Erde weiter schlecht verwalten, wie wir es im Augenblick tun, dieses Unglück werden wir nur um so sicherer machen, als je unausweichlicher wir es ansehen. Ich warne daher vor der inneren Gefahr des Fatalismus, die fast so groß ist wie die äußere Gefahr, die ohnehin durch unsere Schuld besteht. Fatalismus, d.h. das Schicksal für unausweichlich zu halten, nicht wendbar, ist selbsterfüllend und wird das

---

Wiesbaden 1996, S. 301-320, hier S. 316; Peter Ulrich, Integrative Wirtschaftsethik, Bern/Stuttgart/Wien 1997, S. 459; Report 1, Kap. V.

gewiß zustande bringen, was eben der Rat der Verzweiflung als unabwendbar ansieht.

Ich möchte Ihnen daher als alter Mann, der oft erfahren hat, daß das Wort ohnmächtig ist, zurufen: Oh, glauben Sie nicht, glaubt nicht daran, daß Dinge unausweichlich sind, und laßt Euch nicht verführen vom Rate angeblich objektiver Notwendigkeit, der wir hilflos gegenüberstünden. Haltet daran fest, daß *wie* man denkt, *was* man denkt, *was* man sagt und *wie* man in der wechselseitigen Kommunikation Ideen verbreitet, einen Unterschied ausmacht im Gang der Dinge. Erfolg ist nicht garantiert; aber sicher ist, daß die Anstrengung unterlassen, die Bemühung aufgeben, ganz bestimmt das Unheil werden läßt, das wir voraussehen können und dessen Voraussehen es ja doch verhindern soll."[7]

Das konsequente Verantwortungsdenken führt Hans Jonas einerseits zur Sinnkritik verantwortungsflüchtiger Positionen andererseits zum Ernstnehmen des moralischen Fundus der Hochreligionen. Er erschließt deren verantwortungsethische Motivationskraft. So stellte er an das Ende der Udineser Ansprache, seiner letzten öffentlichen Äußerung, den als "symbolisch" gekennzeichneten Vergleich des moralischen Selbstverständnisses der klassischen religiösen Traditionen mit dem ökologisch-ethischen Verständnis unserer Weltsituation, das er im "Prinzip Verantwortung" entfaltet hat. Seine letzten Worte verdeutlichen nochmals, daß seine Ethik weniger ein Prinzipien begründendes Denken als vielmehr ein verhaltensmotivierendes ist: "Einst war es die Religion, die uns sagte, daß wir alle Sünder sind, wegen der Erbsünde. Heute ist es die Ökologie unseres Planeten, die uns alle zu Sündern erklärt, wegen der maßlosen Großtaten menschlichen Erfindungsreichtums. Einst war es die Religion, die uns mit dem Jüngsten Gericht am Ende der Tage drohte.

---

[7] H. Jonas, Fatalismus wäre Todsünde. Ansprache des Ehrendoktors. In: HZV, S. 50; auch in: EZ, S. 456.

25

Heute ist es unser gemarterter Planet, der das Kommen eines solchen Tages vorhersagt, ohne irgendwelches himmlisches Eingreifen. Die jüngste Offenbarung - von keinem Berg Sinai, auch nicht von dem der Bergpredigt und von keinem heiligen Feigenbaum des Buddha - ist der Aufschrei der stummen Dinge selbst und bedeutet, daß wir uns zusammentun müssen, um die unsere Schöpfung überwältigenden Kräfte in die Schranken zu weisen, damit wir nicht gemeinsam zugrunde gehen auf dem Ödland, das einst die Schöpfung war."[8]

"Schöpfung", sein letztes Wort, ist wohl in dopppelter Hinsicht zu verstehen: sein Gehalt ist der Inbegriff des Wertvollen und daher des Schutzwürdigen wie auch des unbedingt zu Schützenden - im Sinne des biblischen Schöpfungsauftrags. Der Status dieses Begriffs dürfte dem entsprechen, was Karl Jaspers >Chiffre< genannt hat. Als Denker nach Kant wie auch nach Jaspers, sieht Jonas in religiösen Offenbarungen *von uns hervorgebrachte "Chiffren" der Transzendenz.* Darüber hinaus hat er als Kritiker der substantialistischen Suggestionen unserer Ethiktradition klargemacht, daß es kein positives praktisches Orientierungswissen geben kann, das *feststehend* und *konkret* zugleich wäre. Weder kann es so etwas im Sinne eines naturgemäßen Strebens oder eigentlichen Wollens geben, also einer letzten Zielbestimmung des menschlichen Lebens - darum geht es der teleologischen Glücks- oder Wertethik seit Aristoteles; noch ist derlei im Sinne eines vernunftgemäßen verbindlichen Sollens möglich, um dessen Aufweis es der normativen Prinzipien- und Pflichtethik seit Kant zu tun ist. In beiden Hinsichten ist nämlich das Negative dem Positiven bzw. dem Affirmativen grundsätzlich voraus.

---

[8] Hans Jonas, Rassismus im Lichte der Menschheitsbedrohung, in: EZ, S. 25.

Darin zeigt sich, logisch gesehen, eine Asymmetrie unseres *praktischen Wissens* resp. unserer sinnvollen ethischen Redeweisen: der Rede vom eigentlichen Wollen, also von tiefen Werten, ebenso wie der vom legitimen Sollen, von Normen und Pflichten. "Was wir *nicht* wollen, wissen wir viel eher als was wir wollen. Darum muß die Moralphilosophie unser Fürchten vor unserem Wünschen konsultieren, um zu ermitteln, was wir wirklich schätzen", heißt es daher im "*Prinzip Verantwortung*".[9] So ergibt sich auch der normative Gehalt, den uns der Blick in einen Abgrund der Menschheitszukunft erschließen kann, zunächst als ein *negatives* Sollen, als ein 'Du sollst nicht weitermachen wie bisher.' Darin steckt aber: 'Weil du sonst die Menschheit, und zwar die Idee der Menschheit wie auch deren Existenzbedingungen, die Lebensgrundlagen der menschlichen Gattung, gefährden würdest'. Dem liegt schließlich der, zunächst abstrakte, positive Sollenssatz zugrunde: *'Menschheit soll sein.'*

(2) *Der erste Imperativ einer Ethik der Zukunftsverantwortung:*
     "daß eine Menschheit sei!"

Diese Forderung, die den biblischen Schöpfungsbefehl (1. Mose 1,28a) in gewisser Weise aufnimmt, um ihn philosophisch, also autonom, zu denken, führt Jonas im >Prinzip Verantwortung< als "den ersten Imperativ" einer kollektiven Prinzipienethik des technologischen Gefahrenzeitalters ein.[10] Er betont dabei, daß "wir mit diesem ersten Imperativ gar nicht den künftigen Menschen verantwortlich (sind), sondern der *Idee* des Menschen, die eine solche ist, daß sie die Anwesenheit ihrer Verkörperungen in der Welt fordert".[11] Als unmoralisch müßte folglich der

---

[9] Hans Jonas, Das Prinzip Verantwortung, Frankfurt/M. 1979, S. 64.
[10] Ebd. S. 90 f.
[11] Ebd. S. 91

immerhin denkbare, von manch postmodernistischen wie auch von tiefenökologischen Zivilisationskritikern ernsthaft geforderte, Konsens darüber gelten, daß die *menschliche Fortpflanzung eingestellt werden* solle, damit die übrige Natur künftig von der Gattung Mensch verschont bleibe.

Karl-Otto *Apel*, Jonas' Gedankenfreund auf anderem Ufer - dem des Verbindlichkeitserweises der Prinzipienethik durch Kommunikations-reflexion, zumal durch Reflexion unseres immer schon dialogförmigen Behauptens, Bezweifelns, Argumentierens[12] -, erörtert jenen ersten Imperativ wie folgt: "Ich glaube, daß dieser Imperativ, der keine individuelle, sondern eine kollektive Pflicht zur Fortpflanzung impliziert, als die kühnste und die in höchstem Maße paradigmatische Forderung einer neuartigen Ethik der Zukunftsverantwortung zu gelten hat, die bislang als Antwort auf die ökologische Krise formuliert worden ist. Indem ich das besonders betone, wende ich mich zugleich gegen die Annahme, die *Diskursethik* müsse Jonas' Imperativ zurückweisen, einfach weil die jetzt lebende menschliche Kommunikationsgemeinschaft in ihrer Gesamtheit konsensuell den Beschluß fassen könnte, die Vermehrung menschlichen Lebens einzustellen. Ein solcher Beschluß würde [...] nur die Bedingung erfüllen, von allen jetzt Betroffenen *faktisch akzeptiert* worden zu sein" - nicht aber die diskursethische Bedingung des *argumentativen* Konsenses. Diese schreibt nämlich vor, nur das als letztgültig anzuerkennen, was *für alle möglichen Betroffenen*, insofern sie selbst nur Argumente vorbringen und gelten lassen, *akzeptierbar* sein würde. Daher wäre ein solcher Beschluß - ähnlich einem Beschluß zum kollektiven Selbstmord - zunächst als Verstoß gegen die *moralische Pflicht zur fortschreitenden Annäherung an Verhältnisse einer idealen Kommunikationsgemeinschaft*

und damit der Möglichkeit eines idealen Konsenses zu bewerten. [...]
Insofern schließt die Diskursethik mit der Autorität eines
transzendentalpragmatischen Arguments kollektiven Selbstmord als
ethisch falsch aus."[13]

Wir wollen sehen, wieweit diese *praktische* moralphilosophische
Übereinstimmung zwischen Jonas' wertethisch-intuitionistischem und dem
normenethisch dialogreflexiven Ansatz der Transzendentalpragmatik
geht, oder wo es zum Dissens in praktischen Grundfragen kommt.

Jonas' Betrachtung der Zukunft, beladen von einer noch nie
dagewesenen Sorge um Mensch und Natur, behält die schwebende Form
der *Frage.* Zunächst fragt sie, wie es mit der Naturgeschichte weitergehe
und wie ein Ausgleich zwischen der expandierenden Menschheit und der
von ihr konsumierten Umwelt möglich ist. Es sind aus dem uns "sichtbar
werdenden Abgrund steigende Fragen", bohrend gestellte, quälende
Fragen, die uns der alte Selbstdenker aufgibt. So münden die Münchner
Abschiedsvorlesung[14] und das Berliner Radiogespräch mit Eike Gebhardt
in die Frage[15], welche vielleicht grauenhaften Lasten, welche
Freiheitsentbehrungen - selbst einen Dispens der Demokratie? - der
nötige Friedensschluß des Geistes mit der Natur für eine künftige
Existenz von Menschen mit sich bringen mag.

---

[12] Vgl. W. Kuhlmann u. D. Böhler (Hg.), Kommunikation und Reflexion. Zur Diskussion der Transzendentalpragmatik. Antworten auf Karl-Otto Apel. Frankfurt/M. 1982.
[13] K.-O. Apel, Die ökologische Krise als Herausforderung für die Diskursethik, in: EZ, S. 388 f.
[14] Hans Jonas, Philosophie. Rückschau und Vorschau am Ende des Jahrhunderts, Frankfurt/M (Suhrkamp) 1993, S. 41 f. (zit. als: Philosophie)
[15] Naturwissenschaft versus Natur-Verantwortung? *Hans Jonas im Gespräch mit Eike Gebhart*, in: EZ, S. 197-212.

(3) *Dispens der Demokratie? Idee der Menschenwürde und Prinzip der Öffentlichkeit als Kriterien für Zukunftsverantwortung*

Darüber, ob bzw. inwiefern ein Dispens der Demokratie sinnvoll oder erforderlich sein könne, um nicht allein die Verantwortung für den Fortbestand der Menschengattung selbst und für die Hütung der Natur sondern auch die Annäherung an die moralische Idee der Menschheit zu gewährleisten, wird in einigen Beiträgen unseres Bandes zwischen Hans Jonas und Diskursethikern gestritten. Es gibt hier unterschiedliche philosophische Vorgehensweisen und daher auch andere politische Ausgangspunkte, gemeinsam ist aber die normative Idee des Menschen und die Einsicht in die *absolute erste Pflicht*, die Existenz der Gattung zu retten.

Auch von den Kritikern wird die Berechtigung von Jonas' politischer Überlegung in unserem Bande nicht bestritten, weil sie mit ihm darin übereinstimmen: Eine Ethik, die zu einer unbedingten Verpflichtung kommen soll, steht und fällt damit, daß sie keine *faktische* Übereinkunft, weder einen empirischen Konsens von Beteiligten noch gar einen Mehrheitsentscheid, als *Geltungsgrund* für die gesuchte Verantwortlichkeit oder Richtigkeit akzeptieren darf; daß sie vielmehr einen *nichtrelativierbaren Maßstab* aufweisen muß, damit ein irgendwie zustandegekommener Konsens und erst recht eine Mehrheitsentscheidung jeweils auf ihre moralische Gültigkeit hin überprüft werden können. Daher kommen auch beide Seiten, Jonas' naturphilosophische und intuitionistische Wertethik wie auch die dialogreflexive normative Diskursethik, darin überein, daß jener Maßstab in dem Umkreis zu finden sein müßte, der sich beschreiben läßt mit den Begriffen *"Idee des Menschen"* und *"Verantwortung dafür, daß diese Idee von künftigen Generationen noch verfolgt werden kann, indem diese sich ihrerseits verantwortlich und moralisch verhalten.*" Beide Begriffe enthalten eine in ihrer Verbindlichkeit unbedingte, aber gleichsam regulative Pflicht, die nicht mehr und nicht weniger als die anzustrebende Richtung des Verhaltens weist, der immer nachzustreben sei.

Wenn nun aber die Durchsetzung *kurzfristiger Nahinteressen mittels Demokratie* jener Richtungspflicht gefährlich zuwiderläuft, dann gehört die Demokratie auf den Prüfstand; entweder müßte sie verändert werden, oder es stünde, falls die Veränderung scheitert, als ultima ratio ein Dispens der Demokratie an. Um für dieses Problem klare Kriterien zu erarbeiten, ergänzen die Diskursethiker Jonas' Ansatz der Naturverantwortung um die moralstrategische Perspektive einer *politischen Erfolgsverantwortung* in der sozialökologischen Krise.[16]

In zwei fruchtbaren, spannend zu lesenden Gesprächen, in dem mit Eike Gebhardt und in jenem mit Mischka Dammaschke, Horst Gronke und Christoph Schulte[17], geht Hans Jonas von Demokratie als Etablierung der Mehrheitsregel in Massengesellschaften aus. Er weist - teilweise übrigens in Einklang mit frühen Überlegungen Erhard Epplers[18] - darauf hin, daß eine in kurzen Fristen an die Wählergunst gebundene Politik leicht in Abhängigkeit von Nahinteressen und ihren kurzfristigen Nutzen-

---

[16] Für eine Einführung dieser Problemstellung (nach Max Weber und Hans Jonas) vgl.: D. Böhler: Das Dilemma von moralischer Zukunftsverantwortung und pragmatisch-politischer Erfolgsverantwortung, in: HZV, S. 57-61.
In EZ wird das Problem erörtert: 259 Fn. 28, 309, 329 f und 425 ff.
[17] Der ethischen Perspektive muß eine neue Dimension hinzugefügt werden. Hans Jonas im Gespräch mit Mischka Dammaschke, Horst Gronke und Christoph Schulte, in: A.a.O. hier S. 42.
[18] So schrieb E. Eppler 1975 unter anderem: „Der Zeithorizont des Politikers, der Wahlen gewinnen will, unterscheidet sich gründlich von dem Zeithorizont, in dem gehandelt werden müßte, wenn es darum ginge, ‚ob auch eine kommende Generation weiterleben soll.'" In: Ende oder Wende. Von der Machbarkeit des Notwendigen. München (dtv) 1976, S. 74. Auch in: K.-O. Apel, D. Böhler u.a. (Hg.): Praktische Philosophie/Ethik. Reader zum Funkkolleg 1, Frankfurt/M. (Fischer Taschenbuch) 1980, S. 445.

perspektiven gerät, so daß sie eine langfristige Zukunftsperspektive und moralische Zukunftsverantwortung nur schwer wahrnehmen könne. Das Dilemma zwischen Zukunftsverantwortung und demokratischer Politik, die zum Interessenopportunismus neigt, spitze sich heute dramatisch zu.

Der Philosoph müsse deshalb "durchaus den Mut haben, zu sagen, Demokratie ist höchst wünschbar, aber kann nicht selber die unabdingbare Bedingung dafür sein, daß ein menschliches Leben auf Erden sich lohnt... Was ich [aber] mit der potentiellen Möglichkeit einer Tyrannei als äußerste Rettungsmaßnahme gemeint habe, ist einzig dem vergleichbar, was sein wird, wenn ein Haus brennt oder ein Schiff untergeht. Dann nämlich kann man keine Abstimmung mehr machen, und dann kann man nicht die normalen Gesetzesverfahren laufen lassen, sondern es müssen gewisse Notmaßnahmen ergriffen werden..." Freilich würde er die Demokratie "mit großem Kummer verschwinden sehen und würde ausschließlich akzeptieren, daß sie *zeitweilig*, sagen wir mal, *suspendiert* würde. Im antiken Rom gab es übrigens die Diktatur als eine ... rechtliche Institution, die auf sechs Monate begrenzt war."[19]

Politisch anders plädieren in diesem Band die Diskursethiker deshalb, weil ihre politische Philosophie und Kritik der politischen Praxis eine Anwendung des dialogreflexiven Aufweises des Moralprinzips ist, ihrer vielgeschmähten (meist mißverstandenen) >Letztbegründung<. In deren Lichte prüfen sie auch die Resultate der Mehrheitsherrschaft, setzen aber nicht direkt bei der Demokratie, sondern bei ihrem *rechtsstaatlichen Rahmen*, dem modernen Verfassungsstaat an. Die Diskursethik interessiert sich für die normative Rekonstruktion von dessen Legitimationsgrundlage: zu dieser gehören nämlich *Prinzipien*, von deren

---

[19] E.Z., S. 210, 211.

Kerngehalt sich zeigen lasse, daß er reflexiv letztbegründbar ist. Denn es handelt sich um Prinzipien, die sich im Kern nicht bestreiten ließen und deshalb eigentlich von uns allen als gültig anerkannt werden müßten.

Warum? Weil wir jene auch dann, wenn wir sie mit Argumenten bestreiten, durch unsere Argumentationsrolle, durch unser notwendigerweise dialogförmiges Argumentieren, schon selbst in Anspruch genommen und insofern unausdrücklich anerkannt haben. Welche Prinzipien sind das? Einmal ist es das rechtsethische Prinzip, *die Würde, die Unverletztlichkeit und Freiheit aller anderen Menschen zu achten.*[20] Sodann ist es das rechtspolitische Prinzip, keine Beschlüsse und Maßnahmen in Kraft zu setzen oder anzuerkennen, die im Geheimen zustande kommen, sondern allein solche, die der öffentlichen Kritik ausgesetzt und der öffentlichen Zustimmungsfähigkeit unterworfen worden sind; also das *Prinzip der Öffentlichkeit.* Immanuel Kant hat es als den Geltungsgrund einer Republik ausgezeichnet, als transzendentales Prinzip des Rechts wie auch einer Politik, die als rechtmäßig soll gelten können.[21]

Hans Jonas führt das >Prinzip Verantwortung< weder als Prinzip einer bloßen Erhaltung der Menschheit ein; was nämlich sozialdarwinistisch-imperialistische oder rassistische Lösungen - etwa die "Inkaufnahme des Verhungerns der Völker der Dritten Welt" (Apel)[22] - offen ließe. Noch knüpft er es sozial-utilitaristisch an das Wohl der künftigen Generationen sondern eben an die *normative Idee des Menschen,* welche die

---

[20] D. Böhler: Diskursethik und Menschenwürdegrundsatz zwischen Idealisierung und Erfolgsverantwortung, in: K.-O. Apel und M. Kettner (Hg.), Zur Anwendung der Diskursethik in Politik, Recht, Wissenschaft, Frankfurt/M. 1992, S. 201-231.
[21] Vgl.: D. Böhler, Studieneinheit 26: Kritische Moral oder pragmatische Sittlichkeit, in: Ders. u. K.-O. Apel: Funkkolleg Praktische Philosophie/Ethik. Bd. 3. Frankfurt/M. 1984.
[22] K.-O. Apel, a.a.O. (Anm. 7), S. 389. Hier hat Apel das >Prinzip Verantwortung< nicht genau gelesen.

unnachläßliche Pflicht einschließt, die *Würde jedes Menschen zu achten.* Freilich ergibt sich hier, was etwa Apel kritisiert, die Verlegenheit oder gar die logische Unmöglichkeit, die darin liegende Verpflichtung auf metaphysisch ontologischem Wege zu begründen, ohne sie durch Unterstellung des Gesuchten (petitio principii) zu erschleichen.[23] Angesichts der m.E. bestehenden logischen Unmöglichkeit, durch eine evolutionäre Ontologie in Form philosophischer Biologie oder auch durch eine Entfaltung wertethischer Intuitionen bzw. Paradigmen (wie das Eltern-Kind-Paradigma) die *Gültigkeit* einer Pflicht zu *erweisen,* liegt ein anderer, eigentlich begründungsloser Weg nahe: das Aufgreifen des Grundsatzes der Menschenwürde aus dem faktischen Konsensbestand der judäo-christlichen Tradition. Freilich kommt das aber strenggenommen einem faktizistischen oder naturalistischen Fehlschluß von faktischer Geltung auf Gültigkeit aus zwingenden Gründen gleich. Jedenfalls nimmt Jonas den Menschenwürdegrundsatz als unverletzlich, als absolut verpflichtend an und arbeitet in diesem Sinne mit ihm, wenn er Konflikte der angewandten Ethik erörtert.

Hingegen spielt bei ihm - anders als bei seiner au fond politisch denkenden Freundin Hannah Arendt - das Kantische *Prinzip der Öffentlichkeit* keine grundlegende Rolle, weil er "die universale Verantwortung gegenüber allem lebendigen Sein 'monologisch' aus dessen werthafter Struktur selbst" gleichsam abliest bzw. intuitiv abschaut. Das betont Micha *Werner* in seiner Differenzierung des Verantwortungsbegriffs[24].

---

[23] Ebenda; vgl. Horst Gronke, Epoché der Utopie, in EZ, S. 416 f.
[24] M. Werner: Dimensionen der Verantwortung. Ein Werkstattbericht zur Zukunftsethik von Hans Jonas, in: EZ, S. 332, vgl. 314-318.

"Sieh hin und Du weißt"[25], wofür Du verantwortlich bist, nämlich für das schutzbedürftige, werthafte, organische Leben um Dich herum - sagt Jonas intuitionistisch: Du weißt es, so wie Eltern, die ihren schutzbedürftigen Kindern gegenüberstehen, 'normalerweise' (!) wissen, daß sie ihnen Fürsorge und Vorsorge zu gewähren haben. Hier *scheinen* Sein und Sollen wirklich zusammenzufallen, wie Vittorio *Hösle* in seiner scharfsinnigen Studie *"Ontologie und Ethik bei Hans Jonas"* bemerkt. Die Eltern empfinden: "Das Kind soll sein; und jene Handlungen, die ihm helfen, sein Sein zu bewahren und zu entwickeln, sollen erfolgen."[26]

Aber wie wichtig auch ein solches moralisches Wertempfinden und unmittelbares Verpflichtungsgefühl für unseren Umgang mit anderen und für unsere eigene Identität ist, ein *Geltungsgrund* für die Pflicht, Fürsorge und Vorsorge zu treffen, ist damit in der Tat nicht erwiesen.[27]

Jonas konzentriert sich auf organische Natur als den *Gegenstand* der Verantwortung und bewertet sie als ein schutzbedürftiges aber durch die Menschheit dramatisch gefährdetes Gut, das an uns, denen es ausgeliefert ist, appelliert. Infolge dieser Konzentration auf den neuen und geradezu tragenden Gegenstand menschheitlicher Verantwortung vergesse er freilich - das ist eine These meines Essays *In dubio contra projectum* -, sich in zweierlei Hinsicht Rechenschaft abzulegen: einmal davon, daß der Verantwortungsbegriff auf einem dialogisch reziproken *Geltungssinn* beruht, auf dem *"sich vor Anderen oder vor einer Instanz verantworten, indem man zureichend auf deren Fragen und Vorhaltungen*

---

[25] H. Jonas: Das Prinzip Verantwortung, Frankfurt/M. 1979, S. 235.
[26] V. Hösle, EZ, S. 115.
[27] Dazu die Berliner Magisterschriften von Maritta Strasser und Micha Werner: Zur Analyse des Verantwortungsbegriffs und zu Problemen der Begründungs- und Praxiskonzeption in der Ethik von Hans Jonas und der Diskursethik. Freie Universität Berlin 1994; M. Strasser: Verantwortung in den Naturwissenschaften unter besonderer Berücksichtigung der Risikoproblematik, Freie Universität Berlin 1993.

antwortet". Außerdem berücksichtige er nicht, daß er als Philosophierender, der anderen gegenüber etwas geltend macht, dieses Sich-dialogisch-Verantworten je selbst vollzieht *und* daß er es notwendigerweise als normatives Fundament, als Sinnbedingung, seiner eigenen Behauptungen voraussetzt. Erst wenn man sich jeweils darauf zurückbesinnt, indem man auf die eigene Rolle als Dialogpartner reflektiert, kommt man, auch um die Einsicht nicht herum, daß jedes Argumentieren als Sich-dialogisch-Rechtfertigen und Ver-antworten bereits das *Prinzip der Öffentlichkeit* einschließt und dessen Anerkennung voraussetzt, und zwar der nicht begrenzbaren Öffentlichkeit, in der *alle* möglichen Argumente diskutiert würden.[28] Warum? Weil jede Rechtfertigung, jede Rechenschaftslegung, überhaupt jede Argumentation eine öffentliche Sache sein können muß, um geltungsfähig zu sein. Denn sie muß im Prinzip kritisierbar oder bestätigbar von jeder und jedem sein, damit sie ihren Anspruch, nicht etwa willkürliche Meinung, sondern geltungsfähige, annerkennungswürdige Aussage zu sein, einlösen und ihn auch nur glaubwürdig erheben kann.

"Im Diskurs mit Hans Jonas" - dieser Titel spielt darauf an, daß die Berliner Begegnung mit Hans Jonas und ihre Fortwirkung auch im Zeichen *des Denkens des Diskurses und der Diskursethik* steht, also des anderen prominenten, gewissermaßen komplementären Ansatzes, der nach einer *unbedingt verbindlichen Orientierung* sucht und damit wider den Stachel der relativistischen Zeitgeiststimmung löckt. Wie schon gesehen, wird hier nicht der Weg einer Naturphilosophie und neuen

---

[28] Eine Einführung und Erörterung dieser, jeweils den Sinn "meiner" Behauptung als Beitrag zu einem *jetzt* mit Anderen geführten oder führbaren argumentativem Dialog prüfenden, also sinnkritischen Dialogreflexion gibt mein Beitrag "Dialogbezogene (Unternehmens-)Ethik versus kulturalistische (Unternehmens-)Strategik," in: H. Steinmann und A. Scherer (Hg), Zwischen Universalismus und Relativismus. Frankfurt a.M. (Suhrkamp) 1998 (zit.: Böhler 1998).

Metaphysik beschritten, sondern man setzt sich bewußt der modernen Skepsis aus: reflektierend fragt man sich, was man *selbst als Argumentierender* sogar dann noch *als verbindlich anerkennen* muß, wenn man über alles einen kritischen Diskurs führen würde; d.h. wenn man alles Denkbare, Sagbare hinsichtlich seiner Geltung "einklammern" und methodisch in Zweifel ziehen würde. Was müssen wir als gültig und als normativ verbindlich anerkennen, wenn wir uns bewußt machen, was unsere *Rolle als Partner im Diskurs mit anderen* bedeutet und was sie von uns fordert - selbst dann, wenn wir sie einnehmen, um so radikal wie möglich zu zweifeln bzw. alles kritisch zu prüfen? Und was bedeutet es, daß wir durch unsere Behauptungen, Einwände usw. notwendigerweise *Ansprüche auf Gültigkeit* dieser als Argumente erheben?

So ansetzend, wird man einerseits empfindlich für Begründungs-schwächen bei Jonas, andererseits macht einen die Begründungs-reflexion auf der abstrakten Geltungsebene um so aufmerksamer dafür, daß das *Prinzip Verantwortung* zumal auf der Ebene *moralischer Motivation* angesiedelt ist. Liegt vielleicht darin ein Grund für seine große öffentliche Wirkung?

(4)   *Die erstaunliche Wirkung von Hans Jonas*

Wie ist es möglich, daß ein dermaßen zurückgezogen existierender, weder in den weltweiten Apparaten der Wissenschafts- und Philosophieorganisationen verankerter, noch mit Medienmacht, Publicity und Connections spielender Mensch, ein bescheidener Gelehrter von jenseits des Ozeans, fast überall präsent werden und seine Ideen fast zum Common sense werden konnten? So sehr, daß er 1992 in Berlin bemerken mußte: "Man kann wohl sagen, daß die Ideen, die ich in der

Ihnen bekannten Weise öffentlich geäußert habe, inzwischen geradezu eine gewisse Popularität erlangt haben. Es gehört schon fast zum guten Ton, sich dazu zu bekennen...."[29] Vielleicht sind es vor allem drei Gründe, wobei aber wohl alles auf den dritten zielt: seine Sprache, seine glaubwürdige Persönlichkeit und die Rückbindung seiner ethischen Aussagen an moralische Intuitionen.

Seine *Sprache* - wie reich und warm, traditionsvermittelnd und bildkräftig, wie bildsicher und klangvoll ist sie. Unser Ohr wird eingeladen, unser Geist aufgeschlossen. Jonas macht, mit Humboldt zu sprechen, jenen "rednerischen Gebrauch" von der Sprache, der "Licht und Wärme" verbreitet und unseren Sprachhorizont wieder bereichert, welcher ja sehr zu verarmen droht infolge der unsäglichen Verkümmerung der öffentlichen Sprache und Umgangssprache in Deutschland. Jonas' Stil nährt die deutsche Sprache wieder mit dem Stoffe, von dem Humboldt sagt, er könne "allein ihr Jugend und Kraft, Glanz und Schönheit erhalten".[30]

Im Spätwerk fließt auch zunehmend der *Geist hebräischer Poesie* in Satzbau und Wortgefüge ein, bestimmt der Parallelismus membrorum der Psalmensprache die Rede des Philosophen. Der antithetische Parallelismus der Satzglieder, zuweilen auch der synonyme oder der synthetische, kann noch seine nüchternste und ernsteste Rede prägen. Hören wir beispielsweise die Antwort, die er in einer der letzten Aufzeichnungen auf die Frage, welche Rolle der Mensch als "handelnde Kraft in der Natur" spiele, sich und seinem Publikum gibt: "Im Dienste des Leibes plagt der Geist die Natur. Dazu fügt er wachsend seine eigenen

---

[29] Herausforderung Zukunftsverantwortung. Hans Jonas zu Ehren. Hrsg. v. D. Böhler/R. Neuberth, Münster (LIT) 1993, S. 69.

Bedürfnisse hinzu, an Würde denen des Leibes überlegen, aber stoffhungrig wie sie: Der ganze physische Aufwand höherer Kultur, der den Anschlag einer schon übermäßig zahlreichen Menschheit auf die schrumpfende Erdnatur noch weiter mit sich selbst multipliziert. In der Tat hat der Geist den Menschen zur gefräßigsten aller Kreaturen gemacht. Und das in einer Progression, in der heute die ganze Gattung dazu getrieben ist, nicht mehr vom regenerierbaren Einkommen, sondern vom einmaligen Kapital der Umwelt zu zehren. [...] In sich erfüllt er die Bestimmung des Menschen, um sich verbreitet er Verderben. In ihm gipfelt das *Ja* des Seins zu sich selbst, das mit der ersten Regung fühlenden und sterblichen Lebens laut wurde, und er untergräbt die Basis, die ihn trägt. Auf der Höhe äußeren Triumphs stellt er die mit ihm geschmückte Gattung vor einen Abgrund. Doch daß er ihn zu sehen beginnt, bietet den Schimmer einer Chance, den Absturz zu verhüten".[31]

Die atmende, wohlbedachte und schöngefügte Sprache mag die Wirkung dieses Philosophen ebenso erklären, wie die menschenfreundliche *Wahrhaftigkeit* und anmutende *Glaubwürdigkeit* eines Menschen, der sich aus den Freuden des humanistischen Forscherdaseins hat heraustreiben lassen in das, wie er bekennt, nur "mit Furcht und Zittern" zu bedenkende Schicksal, welches die Menschheit sich und der Schöpfung selber zu bereiten droht, zu bereiten in voller Aktion ist. Ecce homo.

Wird die Wirkkraft des Wortes ungemein gestärkt durch die Glaubwürdigkeit des liebenswerten penseur engagé so die Wirkung seiner philosophischen Ethik durch ihre sorgsame Beziehung auf unsere vorphilosophischen moralischen Intuitionen. In einer grundlegenden

---

[30] Humboldt, Werke in fünf Bänden, hrsg. von A. Flitner und K. Giel, Darmstadt 1963, S. 22.
[31] Hans Jonas, Philosophie. S. 36-39.

Abhandlung, die die phänomenologische Struktur seines Denkens herausarbeitet, sagt Horst *Gronke*, daß der *Phänomenologe* Jonas das Begründungsdefizit des Naturphilosophen und Metaphysikers in gewisser Weise ausgleiche: "Indem er nämlich den Anspruch auf argumentative *Kohärenz* seines metaphysischen Entwurfs immer auch an der *intuitiven Evidenz* moralischen Fühlens in elementaren Verantwortungssituationen mißt, reichen die daraus resultierenden Verantwortungsvorschriften tief in die Motivationsschichten der Menschen hinein, tiefer als es bei einer 'abstrakten' Sollensethik je der Fall sein kann. Denn in dem *wert*ethischen Diskurs, den Jonas vorführt, ist die *Authentizität* des emotionalen Bekenntnisses das wesentliche Geltungskriterium. Diese Authentizität kann sich immer nur an der moralischen Anmutungsqualität und inneren Stimmigkeit eines (vorbildhaften) Handelns bewähren. Daher zielt der wertethische Diskurs auf die Explikation dessen, was wir [...] eigentlich wollen und wozu wir als 'eigentliche Menschen' motiviert sein würden."[32]

Damit sind wir fast wieder beim Begründungsproblem, das nicht nur zwischen Hans Jonas und dem dialogreflexiven Ansatz der Transzendentalpragmatik anhängig ist, sondern zwischen diesen beiden *und* den meisten anderen philosophischen Richtungen heute. Haben doch fast alle Richtungen der Philosophie vor dem Problem des Verbindlichkeitserweises kapituliert und die Suche nach einem letztgültigen Prinzip, die Suche nach einem letztgültigen normativem Gehalt als obsolet oder sinnlos aufgegeben. Sehr modern und noch postmoderner - aber sehr problematisch.

Äußerst problematisch sogar, weil das hieße, wir könnten überhaupt nicht den *Vernunftanspruch* einlösen, den westliche rechtsstaatlichen

---

[32] H. Gronke, Epoché der Utopie, in: EZ, hier S. 417.

Verfassungen oder in Britannien der Geist, der ihnen zugrunde liegt, erheben, indem sie von *universalistischen* Rechtsgrundlagen ausgehen: von der *Idee des Rechts*, der *Idee des Menschenrechts*, dem Prinzip der *Menschenwürde*. All das *soll* ja von *allen* Menschen geltend gemacht werden können, müßte also etwas sein, was uns prinzipiell von allen eingesehen werden kann. Unsere Rechtsgrundlagen beanspruchen in diesem Sinne *Gültigkeit kraft Vernunft*, und nicht etwa bloß *faktische Geltung* auf Grund demokratischer Entscheidungen und rechtssetzender Akte: logisch universale Prinzipien als höchste Rechtsgüter. Ihr Gehalt gehört in den Bereich des Unabstimmbaren, des nicht mehr demokratisch Disponiblen. Sie sind die *Legitimationsbasis*, welche die verpflichtende Richtung und die absolute Grenze demokratischer Machtausübung bestimmt.

(5) *In dubio pro vita quia semper pro responsabilitate -*
      das Prinzip der Medizinethik

Den Anspruch absoluter Gültigkeit reklamiert Hans Jonas vor allem für die Idee der Menschenwürde. Davon gehen seine medizinethischen und bioethischen Argumente aus. Diese führen ihn einerseits zur Kritik an einer möglichen Instrumentalisierung Sterbender als beliebiger Forschungs- oder Transplantationsobjekte - kraft der transplantations-dienlichen Neudefinition des Todes ("Hirntod") - und überhaupt seine Kritik an medizinischen Menschenversuchen; andererseits liegen sie seiner Kritik an den medizinischen Techniken eines zwanghaften Todesaufschubs und seinem Plädoyer für das Recht zu sterben zugrunde.[33]

---

[33] Hans Jonas, Technik, Medizin und Ethik. Zur Praxis des Prinzips Verantwortung. Frankfurt/M. (Insel) 1985, Kap. 6 bis 11 (zit.: TME).

Die Idee der Menschenwürde verpflichte dazu, auch die Würde des sterbenden Menschen, dessen Sterben zu seinem Leben gehört, als unverletzlich zu achten; kategorisch verbiete es, ihn Interessen Dritter zu unterwerfen, seien es auch dringende Überlebensinteressen: *in dubio pro vita* - solange sinnvoller Zweifel über das Eingetretensein des Todes besteht oder geltend gemacht werden kann, besteht grundsätzlich die Pflicht der Lebenserhaltung. Selbst wenn die Anhänger der Hirntoddefinition im Recht sein sollten, wozu ich mich nicht äußern kann, bleiben Hans Jonas' Erwägungen, die ihn zur vehementen Kritik an der Neudefinition bewogen haben, medizinethisch von hohem Belang. Nicht zuletzt deshalb, weil sie die Institution Arzt, den Staat und die Menschengemeinschaft schlechthin vor den Dehumanisierungsfolgen einer möglichst weitgreifenden Vorverlegung des Todesdatums warnen, die dem Handel mit Menschenorganen einen noch größeren Markt eröffnet und ihn noch profitabler werden läßt. Betrachten wir daher Jonas' Argumente.

Jonas legt dar, daß die Definition eines Sterbenden bzw. eines Schwerkranken als hirntot, so sie medizinisch unsicher sei, gegen den Geist des Menschenwürdegrundsatzes verstoße. Dafür spreche zweierlei: Einmal erkennt die 'Hirntod-Definition' den Sterbenden nicht mehr als unverfügbaren Selbstzweck im Sinne des kategorischen Imperativs von Kant *an*, sondern definiert ihn so früh wie möglich zum Verfügungsobjekt Leichnam um, gibt ihn also so früh wie möglich als *Mittel* zum Zweck anderer Lebensinteressen oder zum Zweck von Forschungsinteressen und auch kommerzieller Interessen frei. Außerdem verwechselt die Hirntod-Definition das *Leben eines Menschen*, zu dem sein Sterben integral gehört, mit der *Meßbarkeit von Hirnfunktionen*; diese aber sind ethisch irrelevant, mithin kein Gegenstand der Achtung. Die naturalistisch reduktionistische Gleichsetzung menschlichen Lebens mit meßbaren Hirnfunktionen unterläuft die Anwendbarkeit des Menschenwürdegrundsatzes.

Immer wieder, zuletzt in seinem Brief an Hans-Bernhard Wuermeling vom November und Dezember 1992 über die Schwangerschaft der Erlanger "Gehirntoten" und den Versuch einer künstlichen "Austragung" ihrer Schwangerschaft[34] macht Jonas >Menschenwürde< als normatives Prinzip geltend, das unbedingt verpflichtet. Dabei entwickelt er *sinnkritische Argumente*, indem er prüft, wann wir sinnvoll und wann wir nur noch sinnlos von "Tod" und "Leben" reden bzw. davon, daß jemand tot oder lebendig sei. So schließt er seine Kritik der Harvard-Definition des Hirntodes folgendermaßen: "Nach alledem ist mein Argument sehr einfach, es ist dies: Die Grenzlinie zwischen Leben und Tod ist nicht mit Sicherheit bekannt, und eine Definition kann Wissen nicht ersetzen. Der Verdacht ist nicht grundlos, daß der künstlich unterstützte Zustand des komatösen Patienten immer noch ein Restzustand von Leben ist (wie er bis vor kurzem auch medizinisch allgemein angesehen wurde). Das heißt, es besteht Grund zum *Zweifel* daran, daß selbst ohne Gehirnfunktion der atmende Patient vollständig tot ist. In dieser Lage unaufhebbaren Nichtwissens und vernünftigen Zweifels besteht die einzig richtige Maxime für das Handeln darin, nach der Seite vermutlichen Lebens hinüberzulehnen. Daraus folgt, daß Eingriffe, wie ich sie beschrieb, der Vivisektion gleichzuachten sind und unter keinen Umständen an einem menschlichen Körper stattfinden dürfen, der sich in diesem äquivoken Schwellen-Zustand befindet. Eine Definition, die solche Eingriffe dadurch

---

[34] Ders., <u>Wann ist der Mensch tot?</u> Organverpflanzung und Hirntodkriterium. Hrsg. von J. Hoff u. J. in der Schmitten, Reinbek (Rowohlt) 1994, S. 21 ff.

autorisiert, daß sie unäquivok stempelt, was bestenfalls äquivok ist, muß abgelehnt werden."[35]

Und er fügt hinzu: "Insofern als die Neudefinierer des Todes, indem sie sagen 'Er ist schon tot', die Skrupel über die Abstellung des Atemgeräts zu beheben suchen, kommen sie einer zeitgenössischen Feigheit entgegen, die vergessen hat, daß der Tod seine eigene Richtigkeit und Würde haben kann und der Mensch ein Recht darauf, daß man ihn sterben läßt."[36]

Jonas' Erörterungen gehen nicht allein gegen die moralisch erschlichene *Herrschaft der Nutzenperspektive* an, sondern verwerfen auch ein *individuelles Recht* darauf, den Menschenwürdeschutz an seinem eigenen sterbenden Leib durch schriftliche Erklärung preiszugeben. Aus ihnen ergibt sich, und zwar aus zweierlei Gründen, daß eine Organentnahme auf Grund der Hirntoddefinition unter keinen Umständen gesetzliches Recht werden sollte - auch nicht bei Vorliegen einer Zustimmungserklärung des Betroffenen. Einmal liefe es auf den begrifflichen Fehler hinaus, die Ebene öffentlicher Prinzipienmoral mit der Ebene privater Moralität des Wohlmeinens zu vermengen. Außerdem wären die Folgen für den öffentlichen Geist verantwortungsethisch nicht zu rechtfertigen. Denn auch wenn eine Privatperson aus guten Motiven der Entnahme ihrer Organe zugestimmt hat, so würden doch der Staat als Gesetzgeber und der Arzt selbst den Grundsatz der Menschenwürde verletzen, indem sie einen sterbenden Menschen als Mittel der Interessen Dritter einsetzten. Welche Dehumanisierung könnte es bedeuten und welchen Selbstwiderspruch auch, wenn die zuvor verfassungsrechtlich als

---

[35] Ders., <u>TME,</u> S. 233.
[36] Ebenda, S. 235 f.

verbindlich anerkannte Unverfügbarkeit der Menschenwürde doch der Verfügung des Gesetzgebers und des Arztes unterworfen würde?

Welche Entethisierung träte ein, wenn Staat und Ärztestand dafür sorgten, daß Sterbende, Menschen am Ende ihres Lebensprozesses, unter dem utilitaristischen Diktat der Lebensinteressen Kranker und/oder medizinischer Forschungsinteressen und/oder kommerzieller Interessen - Organbanken und ärztliche Zulieferer - als lebendige Ersatzteillager betrachtet und ausgeschlachtet würden? Es sind diese Verantwortungsfragen, welche Jonas' Plädoyer für die Unbedingtheit des Menschenwürdegrundsatzes und sein Verdikt über alle Tendenzen zu einer Instrumentalisierung Sterbender aufwerfen. Ihre Geltungskraft beziehen sie - auch unabhängig von dem, in letzter Instanz empirisch zu entscheidenden, Problem einer zutreffenden Todesdefinition - nicht einfach aus dem wertethisch ontologischen Axiom der Heiligkeit menschlichen Lebens und seiner Anwendung als Entscheidungskriterium, also in dubio pro vita. Die Geltungskraft beziehen seine medizinethischen Erörterungen vielmehr aus der impliziten, dialogbezogenen Begründung der pro-vita-Regel: im Zweifel für die Vermutung menschlichen Lebens, weil im Zweifel für die Erhaltung der Verantwortungsmöglichkeit. Im Unterschied zu einer Heiligkeitsethik, deren Prinzip die rational unbegründete Ehrfurcht vor der Heiligkeit des Menschenlebens als solchem wäre, zielt Jonas' Argument stets auf das Leben als Existenzbedingung des Sich-Verantworten-Könnens. Der implizite Grundsatz seiner Medizinethik lautet: in dubio pro vita *quia semper pro responsabilitate.*

Im folgenden möchte ich zeigen: das *in-dubio*-Prinzip hat nicht etwa den schwachen, strengenommen unverbindlichen Status einer Setzung oder einer kontingenten und partikularen, weil kulturrelativen und traditionsabhängigen Wertpräferenz - "in der westlichen bzw. jüdisch-christlichen Tradition gilt *uns* die Menschenwürde als höchstes Gut und daher menschliches Leben als unantastbar bis zum unbezweifelbaren Tode", vielmehr folgt es aus dem Verantwortungsbegriff selbst; vor allem aber ist es absolut verbindlich, weil es von dem Tätigkeitsausdruck vorausgesetzt wird, der dem Nomen 'Verantwortung' erst Sinn gibt und Sinn geben kann, nämlich den Sinn der dialogischen Rechtfertigungs- und Prüfungspraxis *'sich für etwas verantworten'*, indem man anderen gegenüber für eine Absicht, eine Rede oder eine Tat (einschließlich deren wißbarer Auswirkungen) Rede und Antwort steht.

Im ersten Punkt übereinstimmend mit Hans Jonas, im zweiten transzendentalpragmatisch, auf eine sokratisch dialogreflexive Weise hinter seinen einseitig gegenstandsbezogenen Verantwortungsbegriff zurückgehend, vertrete ich die These: *Verantwortlich sein heißt, die Möglichkeit von Verantwortung und damit die Möglichkeit, sich im Dialog gegenüber Anderen mit Argumenten zu rechtfertigen, also auch die Anderen soweit wie möglich und solange wie möglich als Anspruchssubjekte "mir" gegenüber zu behalten und als "meine" Dialogpartner zu achten. Zu diesen Anderen gehören unbedingt auch diejenigen, welche nicht realiter dialogfähig sind, z.B. dauerhaft bewußtlose Patienten.*

Wie wir aus seinem umgangssprachlichen Gebrauch wissen, leitet sich der Begriff 'Verantwortung' her von der dialogischen Praxis des *Sich-anderen-gegenüber-für-etwas-Verantwortens*. Wir *rechtfertigen* uns für eine Rede oder Handlung und deren wißbare Auswirkungen, indem wir *Gründe* für die Handlungsweise vorbringen; d.h. wir argumentieren. Gründe sind etwas, was schlechthin *allgemein* verstanden, geprüft und demgemäß eingesehen oder zurückgewiesen werden kann. Diese nicht einschränkbare Allgemeinheit des Argumentierens macht die *Vernünftigkeit* des Sich-Verantwortens aus, ihre universale Geltungsfähigkeit. Allein mit Bezug auf diese uneinschränkbare, allen möglichen Argumentationssubjekten offenstehende Praxis des Vorbringens und Prüfens von Gründen läßt sich auch Hans Jonas' *erster Imperativ* als notwendiges Moment des Verantwortungsbegriffs selbst verständlich machen und aufweisen: "die Möglichkeit, daß es Verantwortung gebe, ist die allem vorausliegende Verantwortung".[37] Doch wie läßt sich das erweisen? Warum muß es sich so verhalten? Vorgreifend läßt sich antworten: als argumentativ dialogische und insofern auf (uneinschränkbar) allgemeine Gegenseitigkeit bzw. *argumentativen Konsens* gerichtete Rechtfertigungspraxis[38] bedeutet 'Verantwortung' zunächst und elementar, sich derart zu verhalten, daß man die Möglichkeit verantwortlichen Verhaltens in Zukunft und für die Zukunft erhält. 'Sich-Verantworten' bedeutet - notwendigerweise - ein Verhalten, das dazu angetan ist, alle möglichen begründbaren Ansprüche Dritter zu berücksichtigen bzw. mit ihnen vereinbar zu sein. Damit eine solche Berücksichtigung überhaupt realisierbar ist, muß die Menschheit fortdauern. Daß es auch in Zukunft menschliches Leben gibt, ist die Existenzbedingung von Verantwortung wie auch deren erster Inhalt.

Was wir damit haben, ist eine (dialog-)reflexive Potentialitäts- und Zukünftigkeitsbestimmung des Verantwortungsbegriffs. In ihrem Gehalt kommen Jonas' ontologische Ethik und die dialogische Ethik der Transzendentalpragmatik überein. Um diesen Gehalt gewinnen und begründen zu können, gehen beide auf den Geltungssinn von Sich-Verantworten zurück, diese in methodischer Ausdrücklichkeit, jene

---

[37] Ders. PV, S. 186.
[38] Dazu: D. Böhler und B. Rähme, 'Konsens', in: Historisches Wörterbuch der Rhetorik, hg. v. G. Ueding, Bd. IV, Tübingen (Niemeyer) 1998 (zit.: Konsens).

gegenläufig zu ihrem systematischen Ansatz. Denn Jonas' ontologischem Ansatz liegt, ähnlich wie bei seinen Lehrern Husserl[39] und (implizit) Heidegger, eine traditionelle Gegenstandstheorie der Bedeutung, hier der Bedeutung von 'Verantwortung', zugrunde. Diese gegenstands-konzentrierte phänomeno-logisch-ontologische Einstellung läßt ihn bei der Bestimmung des Verantwortungsbegriffs durch den normativen Rahmen der dialogischen Verantwortungspraxis wie durch Glas hindurchsehen; wohingegen er in seinen medizinethischen Verantwortungsreflexionen eben davon zehrt.[40] In seiner 'Theorie der Verantwortung' jedoch führt er die Potentialitäts- und Zukünftigkeitsdefinition von Verantwortung allein im Blick auf den besonderen Gegenstand der elterlichen und der staatsmännischen Verantwortung ein, welche das "totale Sein ihrer Objekte umspannen, das heißt alle Aspekte desselben, von der nackten Existenz zu den höchsten Interessen".[41]

Auf diese Weise kann er zwei analoge Verantwortungstypen phänomenologisch beschreiben, nicht aber die Pflicht zur Übernahme einer solchen Verantwortung erweisen, geschweige denn die Allgemein-verbindlichkeit einer totalen Mitverantwortung für das menschliche In-Zukunft-Sein, die jeden beträfe.

Nun läßt sich aber, in einer nicht gegenstandsfixierten sondern dialogreflexiven Einstellung, die Pflicht zur Zukunftsverantwortug demonstrieren, indem man zeigt, daß diese sich nicht mehr durch sinnvolle Einwände bestreiten läßt und eben deshalb schlechthin allgemeingültig ist. Wer immer nämlich behauptet, eine Handlungsweise (HW) oder eine Person oder auch eine Institution sei für etwas, für eine

---

[39] Vgl. E. Tugendhats Husserl-Kritik in: Vorlesungen zur Einführung in die sprachanalytische Philosophie. Frankfurt a.M. (Suhrkamp) 1976, 9. und 10. Vorlesung.
[40] H. Jonas, TME, bes. S. 200.

Wirkung X, verantwortlich oder nicht verantwortlich, setzt damit voraus und erhebt den Anspruch, daß HW durch allgemein prüfbare und zustimmungswürdige Gründe gerechtfertigt werden kann oder eigentlich gerechtfertigt werden müßte. Wer einen solchen Geltungs- bzw. Rechtfertigungsanspruch zugrundelegt, muß seinerseit bereit sein, die entsprechende Rechtfertigungsmöglichkeit offenzuhalten; d.h. er muß die Bedingungen für ein Sich-Verantworten gegenüber noch möglichen Einwänden Anderer erhalten - bei Strafe seiner Glaubwürdigkeit. Denn er machte sich unglaubwürdig und zerstörte den Geltungssinn seiner Behauptung, wenn er sagen würde: "Ich behaupte, daß ich resp. meine Handlungsweise nicht verantwortlich sind für X, aber ich werde nicht alle Argumente zulassen und damit auch nicht alle möglichen Argumentationssubjekte, die für die Prüfung meiner Behauptung bedeutsam sein können."

Wer in dieser Weise redete, widerspräche offensichtlich seiner eigenen Behauptung und dem ihr innewohnenden Anspruch, sich rechtfertigen zu wollen, also sich im Dialog ver-antworten zu wollen; er widerspräche dem Geltungsanspruch seiner Behauptung und zerstörte damit den Sinn seiner Rede. Daraus folgt: es ist eine Sinnbedingung, eine Bedingung für das Gelingenkönnen des etwas Behauptens und des sich für etwas Rechtfertigen-Wollens, daß man die Möglichkeit, sich im Dialog zu verantworten, erhält und damit die Möglichkeit eines uneingeschränkten Hervorbringens von Gründen oder begründbaren Einwänden durch Andere.

Wer etwas behauptet und damit sich Anderen gegenüber rechtfertigen will, ist einsehbar und unbestreitbar dazu verpflichtet, die Möglichkeit der Rechtfertigung, der dialogförmigen Verantwortung, zu erhalten - sofern

---

[41] Ders., PV, S. 189 (ff.).

überhaupt noch sinnvoll eine solche Möglichkeit angenommen werden kann. Negativ ausgedrückt besagt das: Solange nicht mit Sicherheit ausgeschlossen werden kann, daß sinnvolle und berechtigte Einwände gegen meine Handlungsweise möglich sind, besteht meine grundsätzliche Verpflichtung, den Rechtfertigungsdialog offen zu halten, statt ihn durch irreversibles Handeln abzuschneiden. Was das für den Abbruch lebenserhaltender Maßnahmen *generell* bedeutet - in Falldiskussionen kann ich hier nicht eintreten - dürfte klar sein. Er ist zu vermeiden; und zwar nach dem Kriterium: auch im Zweifel immer für die Möglichkeit des Dialogs, also immer und auch im Zweifel für die Möglichkeit des Lebens - in dubio pro dialogo ergo pro vita.

Wer die Therapie eines bewußtlosen Patienten abbricht und ihn so zu Tode bringt, kann ihn nicht mehr als mögliches Subjekt von Ansprüchen und Einwänden sich selbst und seiner Handlungsweise gegenüber berücksichtigen. Er achtet ihn nicht mehr als *möglichen* kritischen Partner im Dialog, demgegenüber er sich selbst und auch diese abschließende Handlung, den Therapieabbruch, müßte rechtfertigen können.

In seinen medizinethischen Fallüberlegungen geht auch Hans Jonas über die ontologisch-phänomenologische, auf den Verantwortungsgegenstand konzentrierte und darüber das Dialogische vergessende Einstellung hinaus, indem er die geltungsmäßige Reziprozität, die argumentative Gegenseitigkeit des Anderen Rechenschaft Gebens, zum Angelpunkt macht. Einmal hinsichtlich des zukunftsethisch weitreichendsten Problemgebietes der rekombinierenden DNA-Forschung, charakterisiert er die dialogische Gegenseitigkeitsstruktur des Sich-Verantwortens direkt als das normative Fundament der Beurteilung: Um angesichts der Schrecken, die darin liegen, willkürlich Menschen zu klonieren, nicht die

Kategorien des Heiligen und der Ehrfurcht bemühen zu müssen, will er, mit Bezug "auf das ganze Gebiet biologischer Manipulation, nur auf das nüchternste moralische Argument zurückgreifen: Taten an anderen, für die man diesen nicht Rechenschaft zu stehen braucht, sind unrecht. Das sittliche Dilemma jeder menschlich-biologischen Manipulation, die über das rein Negative der Verhütung von Erbmängeln hinausgeht, ist eben dies: daß die mögliche Anklage des Nachkommen gegen seine Hervorbringer keinen mehr findet, der Antwort und Buße leisten könnten, und kein Instrument der Wiedergutmachung." [42]

Zweifellos kann sich jeder *faktisch* dem Rechtfertigungsdialog des Sich-Verantwortens *entziehen*; sich gegen die Moral entscheiden zu können, ist Voraussetzung der moralischen Freiheit. Aber niemand kann eine Entscheidung gegen das Sich-Verantworten *geltend* machen und *argumentierend rechtfertigen*. Das wäre ein Selbstwiderspruch, der die eigene Rede sinnlos machte. [43]

Ähnlich selbstwidersprüchlich und die dialogische Verantwortung zerstörend, ist die Maxime, Ärzte sollten Patienten ihren Sterbewillen erfüllen. Denn diese Maxime setzt an die Stelle eines Sich-Verantwortens im argumentativen Dialog das *Faktum* einer bloßen *Willensäußerung*. Überdies entzieht sie auch den Arzt der dialogischen Verantwortung, macht sie ihn doch zum Vollzugsinstrument eines Patientenwillens, ohne daß dessen *Gründe* geprüft und seine *Folgen* für *Dritte* ebenso berücksichtigt worden wären, wie für die *Institution Arzt* selber. Kann doch diese Einrichtung des Heilens und der Lebenshütung, der das Töten absolut verwehrt ist und deren Existenz auf dem Vertrauen aller möglichen Patienten in ihre Integrität gründet, zerrüttet werden, wenn sie

---

für andere Zwecke eingesetzt wird. Diese Sinngefährdung des Arztberufes besteht auch dann, wenn ein Arzt bei dem Patienten verständliche, ja äußerst plausible Motive für den Todeswunsch findet, sich ihnen subjektiv nicht entziehen kann und gar nach Maßgabe der 'Goldenen Regel' seinerseits sich einen Arzt wünschte, welcher ihn in ähnlicher Situation auf sein Verlangen töten würde.

Die Institution des Arztes, seit Hippokrates dem Leben der Menschen allgemein geweiht, litte unwiderbringlich Schaden, wenn ihre Zweckbestimmung vermeintlich differenziert würde durch Einfügung einer Klausel, die das Töten auf Verlangen, und sei es unter möglichst genau definierten Einschränkungen, erlaubte. Wo subjektiver Wille, ohnedies mit stets fließendem Übergang in Willkür, den "objektiven Geist" einer wohlbegründeten gesellschaftlichen Vereinbarung infiltriert, wird deren Legitimität aufgezehrt. Geradezu absolut gilt das hier, ist doch *der Arzt* eine Verantwortungsinstitution par excellence, deren Leitidee *pro vita* zugleich die Existenzbedingung des dialogförmigen Sich-Verantwortens angibt. Dieser hohe, moralisch gleichsam absolute Status, erlegt dem Arztberuf und allen, die ihm nachgehen, die unbedingte Verpflichtung auf, nicht allein Affekte und subjektive Überzeugungen sondern auch wahrhaft gut gemeinte sittliche Regungen und wohlmeinendes Mitleid strikt der allgemeinen Zweckbestimmung des Arztes zu unterwerfen.

(6) *Nachbemerkung: Der Diskursveranwortungsgrundsatz - Grenze und Recht einer ethischen Prinzipienreflexion in prinzipienunwilliger Zeit*

Unsere grundsätzliche Erörterung tut den praktischen Dilemmasituationen der Ärzte, zumal unter Bedingungen hochtechnologischer Medizin, zweifellos nicht genug. Sie soll und kann zunächst das ärztliche Prinzipienbewußtsein angesichts der zahllosen Versuchungen schärfen, denen Ärzte heute ausgesetzt sind oder von denen sie geradezu überschwemmt werden. "Heute" - das besagt: in einem Zeitgeist, dessen subjektivistische bzw. individualistische Prinzipienunwilligkeit nur von seiner, hinter dem Schein von Toleranz und Differenz schlecht verborgenen, relativistischen resp. kulturalistischen Prinzipienskepsis philosophisch begründet zu werden scheint[44]; das besagt auch: Im hochtechnologischen Zeitalter und in globaler Marktgesellschaft, deren Effizienzdruck, deren Zeitdruck, deren Profitdruck die Orientierung an allgemeinen Prinzipien in ein kurzfristiges Kalkül partikularer Interessen aufzusaugen tendiert.[45]

Darüber hinaus kann die verantwortungsreflexive Erörterung der Erkenntnis den Weg bereiten, daß auch die Diskussion von Grenzfällen und möglichen legitimen Ausnahmen ihrerseits nur sinnvoll und wahrheitsfähig bzw. geltungswürdig ist, wenn sie das Prinzip in dubio pro vita quia semper pro responsabilitate als ihren normativen Bezugsrahmen anerkennt: als ihr moralisches Fundament, das es bei der Problemlösung zu konkretisieren gilt. Denn die Diskussion und die Bestimmung von Ausnahmen muß als argumentativer Diskurs, der sie ist, dem 'Diskursgrundsatz' entsprechen, der nicht allein das absolute Dialoggebot ist, sondern auch für seine eigene Anwendung auf die non-dialogischen Verhältnisse harter Realitäten sorgt - seien es solche einer ungeselligen Sozialrealität, seien es solche einer kontingenten Lebensentwicklung oder einer depravierten Ökologie. Fordert der Diskursgrundsatz (D) doch, allein sinnvolle sowie universal konsenswürdige Argumente *und* demgemäß in Anbetracht der harten Realität nur solche Argumente gelten zu lassen, deren Umsetzung bzw. deren wißbare Auswirkungen gegebenen

---

[44] Vgl. Böhler 1998; vgl. 'Konsens'; vgl. B. Rähme, Konsenstheorie der Wahrheit.

Realisierungsbedingungen des Sich-Verantwortens zumindest *bewahren* - nach Möglichkeit aber *verbessern*, so daß diese der uneingeschränkten Dialogizität einer universalen Argumentationsgemeinschaft näherkommen.

Dergestalt enthält der Diskursgrundsatz seine eigene Anwendungsregel.[46] Sie orientiert und normiert die Entscheidungsfindung in Zweifelsfällen bzw. Normenkonflikten, indem sie den Richtungssinn der Anwendung des Diskursgrundsatzes auf harte Realitätsbedingungen festlegt. So läßt sie sich als zweistufiger dialogischer Verantwortungsimperativ formulieren: "Handle im Zweifel so, daß die absehbaren Wirkungen deiner Handlung die gegeben Realisierungsbedingungen des Sich-Verantwortens bewahren. Prüfe deine Handlungsweise alsdann und ergänze sie mit dem Ziel, die Realisierungsbedingungen des Sich-Verantwortens gemäß der Idee des unbegrenzten argumentativen Dialogs zu verbessern."

Allerdings bleibt auch bei dieser internen Konkretisierung des Grundsatzes offen, welchen Wesen gegenüber wir unbedingt zur responsorischen Verantwortung verpflichtet sind und in welchem Grade wir es sind. Einen vielversprechenden Vorschlag von Gunnar Skirbekk aufgreifend[47], kann man versuchen, den sinnvollen und gebotenen Anwendungs*bereich* des Dialog-Verantwortungsgrundsatzes durch Potentialitätsüberlegungen abzustecken. Zu prüfen ist dann, ob die Behauptung, wir hätten eine Verantwortungspflicht gegenüber Wesen, die zwar überhaupt keine Ansprüche vorbringen können (wie z.B. ein

---

[45] Dazu Böhler, Die Idee der Zukunftsverantwortung zwischen Hans Jonas und der Diskursethik, in: ders., P. Ulrich, M. Stitzel (Hg.): Zukunftsverantwortung in der Marktwirtschaft. Eine Kontroverse, erscheint 1998.
[46] Zur Ableitung des Verantwortungsgrundsatzes als Orientierungsrichtschnur unter harten Realitätsbedingungen: H. Gronke, Apel versus Habermas. Zur Architektonik der Diskursethik, in A. Dorschel u.a. (Hg.), Transzendentalpragmatik, Frankfurt a.M. (Suhrkamp) 1993, S. 273-296.

dauerhaft Bewußtloser) aber doch die Naturanlage zur Dialogfähigkeit mitbringen (also die Möglichkeit der Möglichkeit), durch einen sinnvollen Dialogbeitrag zurückweisen läßt oder aber nicht. Wenn nämlich *nicht,* dann gälte *absolut:* "auch das der Menschengattung zugehörige aber z.B. dauerhaft bewußtlose Wesen W, auch ein der Menschengattung zugehören könnender Foetus F ist aufgrund seiner natürlichen Anlage (physisches In-Möglichkeit-Sein) ein möglicher Dialogteilnehmer und daher von anderen als gleichberechtigtes Anspruchssubjekt, dem diese Rechtfertigung schulden, zu achten." [48]

Danksagung - den barmherzigen Brüdern und Schwestern von St. Urban / Freiburg, die mich gepflegt haben und zurechtgerückt, als ich dies geschrieben; und jenen vom Freiburger Loretto-Krankenhaus, die mich bewahrt haben, so daß ich es auch selbst lesen und weiter bedenken kann.

Dietrich Böhler, im April 1998.

---

[47] G. Skirbekk, Ethischer Gradualismus: jenseits von Anthropozentrismus und Biozentrismus?, in: Deutsche Zeitschrift für Philosophie 43 (1995), S. 419-434.
[48] Auch in dieser politisch-ethischen und medizinethischen Kardinalfrage nach der Reichweite unserer Verantwortungspflicht und dem Anwendungsbereich des Menschenwürdegebots hoffen wir an den Berliner Hans Jonas-Tagen 1998 vom 10. bis 14. Mai 1998 einen (zumindest einen kleinen) Schritt weiterzukommen und werden darüber im *Report 2* des *Hans Jonas-Zentrums* (1999) berichten. Der Report des Hans Jonas-Zentrums ist erhältlich über: Institut für Philosophie der Freien Universität Berlin, Prof. Böhler, Habelschwerdter Allee 30, 14195 Berlin.

Anmerkung:

Ursprung dieses Textes ist die am 21. Juli 1993 an der Friedrich-Alexander-Universität in *Erlangen* gehaltene HANS-JONAS-GEDENK-VORLESUNG *"Verantwortung für das Menschliche - Begründung und Anwendung ethischer Prinzipien"*. Deren Hauptteil, eine Rekonstruktion von Grundgedanken seiner Philosophie des Lebendigen und deren ethischer Absicht, erschien überarbeitet als Kap. II ff. des Beitrages "Hans Jonas - Stationen, Einsichten und Herausforderungen eines Denklebens" in: D. Böhler (Hrsg.) Ethik für die Zukunft. Im Diskurs mit Hans Jonas, Verlag C.H. Beck, München, 1994. An dessen Stelle treten hier Betrachtungen mit Blick auf den, in diesem Buch zusammengestellten und weitergeführten Diskurs mit Hans Jonas, die teils auf die *Berliner* Gedenkvorlesung vom 7. Februar 1995, teils auf einen Vortrag der Mönchengladbacher Tagung "Logos und Kosmos. Denken und Werk von Hans Jonas" (1. - 4. 5. 97) zurückgehen.

Erlanger Studien zur Ethik in der Medizin
Band 6: Hans–Jonas-Gedenkvorlesung

CORRIGENDA

S. 36, 7. Zeile: reflektiert, kommt man auch um...

S. 41, 2. Abs., 6. Zeile: ...überhaupt zur Kritik...

S. 43, Anmerkung 34: Abgedruckt in: <u>Wann ist der...</u>

S. 46, 2. Abs., 5. Zeile: ...*Verantwortlich sein heißt zuallererst,*
die Möglichkeit von Verantwortung gewährleisten und...

S. 48, 5. Zeile: ...phänomenologisch-ontologisch...

S. 50, 3. Abs., 6. Zeile: ... macht. Einmal, hinsichtlich des...

S. 51, 8. Zeile: ...leisten könnte, ...

S. 55, 2. Zeile: ...Möglichkeit), sich durch ...

S. 55, 4. Zeile: ... dann gilt *absolut*: „Auch...

KURZBIBLIOGRAPHIE ZU WERK UND REZEPTION VON HANS JONAS

Inhalt:

Die vorliegende Kurzbibliographie soll in den Abschnitten (1) und (2) die wichtigsten Bücher und Aufsätze von Hans Jonas selbst aufführen; des weiteren werden unter (3) zentrale Monographien zum Werk von Jonas angegeben. In Teil (4) steht die Auseinandersetzung mit Hans Jonas für den Bereich der Ethik in der Medizin im Mittelpunkt. Rezeptionsanalysen sind in historiographischer Sicht vielfach schwierig, aber auch für zeitgenössische Autoren mit diversen Problemen behaftet. Der Einfluß des Philosophen und Medizinethikers Jonas läßt sich über die Parameter *Zitationsindex* und *Stichwortangabe* in Originalartikeln sicherlich nur unzureichend beschreiben, dennoch zeigen sich wichtige Tendenzen der Inhalte wie auch Phasen der Auseinandersetzung. In dem hier versuchten Analysemodus ist zum einen in den wichtigsten internationalen Datenbanken zur Ethik in der Medizin und Bioethik recherchiert worden, andererseits sind mithilfe des *Science Citation Index* relevante Publikationen aufgeführt worden.[1] Kriterien waren dabei Originalartikel, die Auseinandersetzung mit der Theorie von Hans Jonas sowie Bezüge zur Medizinethik.[2]

Wichtige Gesamtbibliographien zu Hans Jonas bringen B. Aland (1978)[3], S. F. Spicker (1978)[4], J. Greisch (1990)[5], J. M Spalek / R. P. Nall (1994)[6] sowie D. Böhler / R. P. Nall et al. (1994)[7]. Eine Sammlung von Jonas-Beiträgen in medizinethischer Hinsicht wurde insbesondere 1976 durch F. Cooper geleistet.[8] In der folgenden Zusammenstellung ist der Schwerpunkt der Rezeptionsnachweise[9] auf die Zeit *nach Erscheinen des "Prinzip Verantwortung"*, also die letzten zwanzig Jahre gelegt worden. Mit dem Tod von Hans Jonas ist 1993 verständlicherweise nochmals ein enormes Anwachsen der Sekundärliteratur und Zitationen verbunden, die kaum mehr vollständig erfaßt werden können.

---

[1] Für Unterstützung im Rahmen der Datenbankanalysen sei Frau Ute Elsner, Informations- und Dokumentationsstelle (IDEM) der Akademie für Ethik in der Medizin (AEM) gedankt. Dank für die Hilfe bei Teilarbeiten auch an Heide Engel, Susanne Günther-Fecke und David Zimmermann, Mitarbeiter im Institut für Ethik und Geschichte der Medizin der Georg-August-Universität Göttingen (Direktorin: Prof. Dr. C. Wiesemann).

[2] Der Struktur und dem Nachweis-Modus der Datenbanken geschuldet ist der Schwerpunkt auf englischsprachiger Literatur. Dies zeigt am Rande das Fehlen eines Referenzzentrums bzw. die Notwendigkeit des Ausbaus von IDEM (s.o.) zur Dokumentation der deutschsprachigen Literatur der Medizin- und Bioethik.

[3] Aland, Barbara (Hrsg.) Gnosis. Festschrift für Hans Jonas, Vandenhoeck & Ruprecht, Göttingen, 1978, S. 508-514.

[4] Spicker, Stuart F. (Ed.) Organism, Medicine, and Metaphysics. Essays in Honor of Hans Jonas on his 75th Birthday, May 10, 1978. Philosophy and Medicine, 7. Dordrecht, Reidel Publishing, Holland/Boston, 1978, S. 317-324.

[5] Greisch, Jean. Le principe responsabilité. Une éthique pour la civilisation technologique. Französische Übersetzung mit Bibliographie, Cerf, Paris, 1990.

[6] Spalek, John M. (Hrsg.) Deutschsprachige Exilliteratur seit 1933. Band IV, mit einer Bibliographie von R. P. Nall. K. G. Saur Verlag, München, 1994.

[7] Böhler, D. (Hrsg.) Ethik für die Zukunft. Im Diskurs mit Hans Jonas; Schriftenreihe "Ethik im technischen Zeitalter" (herausgegeben von V. Hösle), Verlag C. H. Beck, München, 1994.

[8] Cooper, F. The literature of medical ethics: a review of the writings of Hans Jonas. Journal of Medical Ethics, 2 (1): S. 39-43, 1976.

[9] Leider konnte eine einheitliche Zitierweise - nicht zuletzt durch die Struktur der verschiedenen Datenbanken - nicht durchgängig eingehalten werden.

(1) Werke von Hans Jonas

Der Begriff der Gnosis. Inaugural-Dissertation zur Erlangung der Doktorwürde der Hohen Philosophischen Fakultät der Philipps-Universität zu Marburg. Göttingen: Huber & Co., 1930, 52 S. (Teildruck).

Augustin und das paulinische Freiheitsproblem. Ein philosophischer Beitrag zur Genesis der christlich abendländischen Freiheitsidee. Göttingen: Vandenhoeck & Ruprecht, 1930. 2., neubearb. u. erw. Aufl. mit einer Einleitung v. James M. Robinson unter dem Titel Augustin und das paulinische Freiheitsproblem. Eine philosophische Studie zum pelagianischen Streit. Göttingen: Vandenhoeck & Ruprecht, 1965, 114 S.

Gnosis und spätantiker Geist. Erster Teil. Die mythologische Gnosis. Mit einer Einleitung Zur Geschichte und Methodologie der Forschung. Göttingen: Vandenhoeck & Ruprecht, 1934. 2. unveränd. Aufl., 1954.3., verb. u. verm. Aufl. 1964. Ergänzungsheft zur ersten und zweiten Auflage. S. 377-456.1964, 456 S.

Gnosis und spätantiker Geist. Teil II, 1. Von der Mythologie zur mystischen Philosophie. Göttingen: Vandenhoeck & Ruprecht, 1954. 2., durchgesehene Aufl., 1966, 223 S.

The Gnostic Religion: The Message of the Alien God and the Beginnings of Christianity. Boston: Beacon Press, 1958, 2., erw. u. überarbeitete Auflage, 1963, 358 S.

Het Gnosticisme. Übers. aus dem Englischen v. A. J. M. Baljet. Utrecht/Antwerpen: Uitgeverij Het Spectrum N. V., 1969.

Lo gnosticismo. Presentazione di Manliò Simonetti. Übers. aus dem Englischen v. Margherita Riccati di Ceva. Torino: Società Editrice Internazionale, 1973. 2. Aufl. 1991.

La Religion gnostique: Le message du Dieu étranger et les débuts du christianisme. Übers. aus dem Englischen v. Louis Evrard. Paris: Librairie Ernest Flammarion, 1977. (Idées et Recherches.)

Zwischen Nichts und Ewigkeit. Zur Lehre vom Menschen. Kleine Vandenhoeck-Reihe 165. Göttingen: Vandenhoeck & Ruprecht, 1963. Zweite Auflage, 1987. 77 S.

The Phenomenon of Life. Toward a Philosophical Biology. New York: Harper and Row, 1963. 2. Aufl., 1966, 303 S. Neuauflagen: New York: Dell Publishing Co., 1968; Westport: Greenwead Press. 1979; Chicago-London: University of Chicago Press, 1982.

Organismus und Freiheit. Ansätze zu einer philosophischen Biologie. Übers. aus dem Englischen von R. P. Nall und von K. Dockhorn. Göttingen: Vandenhoeck & Ruprecht, 1973, 342 S.

Das Prinzip Leben. Ansätze zu einer philosophischen Biologie. Neuausgabe von "Organismus und Freiheit". Frankfurt/M.: Insel, 1994, 408 S.

59

Wandel und Bestand. Vom Grunde der Verstehbarkeit des Geschichtlichen. Frankfurt/M.: Vittorio Klostermann, 1970. 30 S. (Wissenschaft und Gegenwart. Geisteswissenschaftliche Reihe 46.)
Gleichzeitig erschienen in: Durchblicke. Martin Heidegger zum 80. Geburtstag. Hrsg. Vittorio Klostermann. Frankfurt/M.: Vittorio Klostermann, 1970, 1-26.
Eine verkürzte Fassung wurde als Eröffnungsrede vor dem Fünften Kongreß der Fedération International des Associations d'Études Classiques (FIEC) in Bonn am 1. Sept. 1969 gehalten.

Englische Übersetzung der Eröffnungsrede von dem Autor selbst u. d. T. "Change and Permanence: On the Possibility of Understanding History", in: Die Interpretation in der Altertumswissenschaft. Hrsg. Wolfgang Schmid. Bonn: Bouvier Verlag, 1971, 26-54

Unverkürzte Übersetzung der Originalfassung in Social Research, XXXVIII, Nr. 3 (Herbst 1971), 498-528. Wiederabgedr. in Explorations in Phenomenology: Papers for the Society for Phenomenology and Existential Philosophy. Hrsg. David Carr u. Edward S. Casey. The Hague: Martinus Nijhoff, 1973, 102-132, und als zwölfter Essay in Philosophical Essays, Prentice-Hall, 1974. Wiederabgedr. in Philosophische Untersuchungen, 1992, 50-80.

Philosophical Essays. From Ancient Creed to Technological Man. Englewood Cliffs: Prentice-Hall, 1974. 349 S. Neuauflage: Chicago-London: University of Chicago Press, 1980.

Philosophical Essays. From Ancient Creed to Technologisal Man. Englewood Cliffs: Prentice-Hall, 1974. 349 S. Neuauflage: Chicago-London: University of Chicago Press, 1980.

On Faith, Reason and Responsibility: Six Essays. San Francisco: Harper and Row, 1978. Neuauflage des Institute for Antiquity and Christianity, Claremont Graduate School, 1981. 122 S.

Das Prinzip Verantwortung. Versuch einer Ethik für die technologische Zivilisation. Frankfurt/M.: Insel, 1979. Neuauflage als Suhrkamp Taschenbuch, 1984. 425 S. Erschienen auch in der Reihe Klassiker des modernen Denkens, Gütersloh: Bertelsmann Club, 1994.

The Imperative of Responsibility: In Search of an Ethics for the Technological Age. Trans. by Hans Jonas with the collaboration of David Herr. Chicago: Univ. of Chicago Press, 1984.

Le principe responsabilité. Une éthique pour la civilisation technologique. Trad. par Jean Greisch. Paris: Cerf, 1990. 336 S. Mit einer ausgezeichneten Hans-Jonas-Bibliographie.

Il principio responsabilità. Un' etica per la civiltà per la civiltà tecnologica. A cura di P. P. Portinaro. Torino: Einaudi, 1990.

Ansvarets princip. Utkast till en etik for den teknologiska civilisationen. Översättning: Per Carleheden. Göteborg: Bokförlaget Daidalos AB, 1994.

Macht oder Ohnmacht der Subjektivität? Das Leib-Seele-Problem im Vorfeld des Prinzips Verantwortung. Übers. aus dem Englischen von Hans Jonas. Frankfurt/M.: Insel, 1981, 139 S. Die englische Originalfassung erschien u. d. T. "On the Power of Impotence of Subjectivity" in: Philosophical Dimensions of the Neuro-Medical Sciences. Hrsg. S. E Spicker und H. T. Engelhardt. Philosophie and Medicine 2. Dordrecht-Boston: D. Reidel Publishing Co., 1976, 143-161. Neuauflage als Suhrkamp Taschenbuch, 1987.

Was für morgen lebenswichtig ist: Unentdeckte Zukunftswerte (Zusammen mit Dietmar Mieth). Freiburg im Breisgau: Herder, 1983. 80 S. Wiederabgedr. in Technik. Medizin und Ethik, 1985, 53-75.

Technik, Medizin und Ethik. Zur Praxis des Prinzips Verantwortung. Frankfurt/M.: Insel, 85, 323 S. Zweite Auflage, 1987.

Tecnica, medicina ed etica. Prassi del principio responsibilità. A cura di P. Beechi. Torino: Einaudi, 1994.

Der Gottesbegriff nach Auschwitz. Eine jüdische Stimme. Frankfurt/M.: Suhrkamp, 1987. 48 S. Zuerst erschienen in: Reflexionen finsterer Zeit. Zwei Vorträge von Fritz Stern und Hans Jonas. Hrsg. Otfried Hofius. Tübingen: Mohr, 1984.
Erste Fassung eines ursprünglich in englischer Sprache konzipierten Aufsatzes veröffentlicht in: Harvard Theological Review, LV (1962), 1-20; später aufgenommen als Schlußkapitel in: The Phenomenon of Life, New York, 1966.
Il concetto di Dio dopo Auschwitz. Una voce ebraica. A cura di C. Angelino. Genova: Il Melangolo, 1990. Vierte Auflage, 1994.
Le Concept de Dieu après Auschwitz. Une voix juive. Trad. par Philippe Ivemel, suivi d'un essai de Catherine Chalier. Paris: Éditions Payot & Rivages, 1994.

Wissenschaft als persönliches Erlebnis, Göttingen: Vandenhoeck & Ruprecht, 1987. 77 S. [Enthält die drei Vorträge Wissenschaft als persönliches Erlebnis (gehalten am 15. Oktober 1986 zur 600-Jahr-Feier der Ruprecht-Karls-Universität und veröffentlicht in: Die 600-Jahr-Feier der Ruprecht-Karls-Universität Heidelberg, Heidelberg, 1987); Technik, Freiheit und Pflicht. (Dankesrede anläßlich der Verleihung des Friedensprei-ses des Deutschen Buchhandels am 11. Oktober 1987 in Frankfurt am Main; zuerst veröffentlicht beim Börsenverein des Deutschen Buchhandels, Frankfurt/M., 1987); und in: Im Kampf um die Möglichkeit des Glaubens: Erinnerungen an Rudolf Bultmann und Betrachtungen zum philosophischen Aspekt seines Werkes (Teile des Aufsatzes wurden auf der Gedenkfeier für Rudolf Bultmann in Marburg am 16. November 1976 vorgetragen; vollständig veröffentlicht in: Gedenken an Rudolf Bultmann. Hrsg. v. Otto Kaiser. Tübingen: 1977)].
La science comme expérience vécue, trad. par Robert Brisart, Études Phénoméno-logiques (Bruxelles), IV, Nr. 8 (1988), 9-32 (enthält nur den Titelvortrag).
Scienca come esperienza personale. Trad. di E Tomasoni. Brescia: Morcelliana, 1992, 81 (enthält die drei Vorträge).

Materie, Geist und Schöpfung. Kosmologischer Befund und kosmogonische Vermutung. Frankfurt/M.: Suhrkamp, 1988. 76 S. Erweiterte Fassung des Vortrags gehalten im Mai 1988 zur Eröffnung des Internationalen Kongresses "Geist und Natur" der Stiftung Niedersachsen in Hannover; wiederabgedruckt in: Philosophische Untersuchungen und metaphysische Vermutungen, Insel, Frankfurt/M., 1992.

Hans Jonas, Erkenntnis und Verantwortung: Gespräch mit Ingo Hermann in der Reihe "Zeugen des Jahrhunderts". Hrsg. Ingo Hermann. Göttingen: Lamuv, 1991. 151 S.

Philosophische Untersuchungen und metaphysische Vermutungen. Frankfurt/M.: Insel, 1992. 256 S.

Dem bösen Ende näher: Gespräche über das Verhältnis des Menschen zur Natur. Hrsg. von Wolfgang Schneider. Frankfurt/M.: Suhrkamp, 1993. 103 S.

Philosophie: Rückschau und Vorschau am Ende des Jahrhunderts. Frankfurt/M.: Suhrkamp, 1993. 42 S.

Gnosis und spätantiker Geist. Zweiter Teil. Von der Mythologie zur mystischen Philosophie: erste und zweite Hälfte. Hrsg. v. Kurt Rudolph. Göttingen: Vandenhoeck & Ruprecht, 1993, 410 S.

(2) Aufsätze von Hans Jonas im Kontext der Medizinethik (Auswahl)

The Right to Die, Hastings Center Report, VIII, Nr. 4 (August 1978), 31-36. Wiederaufgenommen in deutscher Übersetzung in: Technik, Medizin und Ethik, 1985, 242-268; in italienischer Übersetzung in: Il diritto di morire. Trad. di P. P. Portinaro, Genova, Il Melangolo, 1991.

Straddling the Boundaries of Theory and Practice: Recombinant DNA Research as a Case of Action in the Process of Inquiry, in: Recombinant DNA: Science, Ethics and Politics. Hrsg. J. Richards. New York, San Francisco, London: Academic Press, 1978, 253-271. Deutsche Übers. u. d. T. "Freiheit der Forschung und öffentliches Wohl", in: Scheidewege XI / 2 (1981), ferner in: Technik, Medizin und Ethik, 1985, 90-108.

Toward a Philosophy of Technology, Hastings Center Report, IX (Februar 1979), 34-43. Deutsch u. d. T. Philosophisches zur modernen Technologie, in: Fortschritt ohne Maß? Eine Ortsbestimmung der wissenschaftlich-technischen Zivilisation, Piper 235. München: Piper, 1981. Wiederabgedruckt In: Technik, Medizin und Ethik, 1985, 15-41.

The Heuristics of Fear , in: Ethics in an Age of Pervasive Technology. Hrsg. Melvin Kranzberg. Boulder: Westview Press, 1980, 213-22I.

Response to James N. Gustavson, in Knowing and Valuing: The Search for Common Roots. H. T. Engelhardt und D. Callahan (Ed.) Hastings-on-Hudson: Hastings Center, 1980, 203-217.

Parallelism and Complementarity: The Psycho-Physical Problem in Spinoza and in the Succession of Niels Bohr, in: The Philosophy of Baruch Spinoza. Hrsg. Richard Kennington. Washington D.C.: Cath. Univ. of the Americas Press, 1980, 121-130. (Studies in Philosophy and the History of Philosophy, Vol. 7); wiederabgedr. in Spinoza and the Sciences. Hrsg. Marjorie Grene u. Debra Nails. Dordrecht/Boston: Reidel, 1986, 237-247. (Boston Studies in the Philosophy of Science, 91); deutsch in: Macht oder Ohnmacht der Subjektivität, 1981, 101-116.

Reflections on Technology, Progress and Utopia, Social Research, XLVIII (1981), 411—455.

Im Zweifel für die Freiheit? Nachrichten aus Chemie, Technik und Laboratorium, XXIX, Nr. 1 (1981). Wiederabgedruckt in: Technik, Medizin und Ethik, 1985, 301-321.

Freiheit der Forschung und öffentliches Wohl, Scheidewege, Nr. 2 (1981), 253-269. Wiederabgedruckt in: Brauchen wir eine andere Wissenschaft? X. Salzburger Humanismusgespräch. Hrsg. O. Schatz. Graz, Wien, Köln, 1981, 101-116 und in: Technik, Medizin und Ethik, 1985, 90-108.

Technology as a Subject for Ethics. Social Research, XLIX (1982), 891-898. Wiederabgedruckt in: Technik, Medizin und Ethik, 1985, 42-52.

Laßt uns einen Menschen klonieren: Betrachtungen zur Aussicht genetischer Versuche mit uns selbst, Scheidewege, XII, Nr. 3-4 (1982). Wiederabgedruckt in: Technik, Medizin und Ethik, 1985, 162-203.

Die Zukunft der technischen Kultur: Podiumsgespräch mit Hans Jonas, in: Möglichkeiten und Grenzen der technischen Kultur. Symposium Hotel Schloß Fuschl, Österreich, 7.-10. Mai 1981. Hrsg. D. Rössler und E. Lindenlaub. Stuttgart-New York, 1982, 265-296. Wiederabgedruckt in: Technik, Medizin und Ethik, 1985, 296-301.

Ärztliche Kunst und menschliche Verantwortung, Renovatio, XXXIX, Nr. 4 (1983). Wiederabgedruckt in: Technik, Medizin und Ethik, 1985, 146-161.

Forschung und Verantwortung, Aulavorträge, XXI, Hochschule St. Gallen, 1983 Wiederabgedruckt in: Technik, Medizin und Ethik, 1985, S. 146-161.

Evolution und Freiheit, Scheidewege, XIII (1983/84), 85-102. Wiederabgedruckt in: Philosophische Untersuchungen, 1992, 11-33.

Technik, Ethik und biogenetische Kunst: Betrachtung zur neuen Schöpferrolle des Menschen, Communio, XIII, Nr. 6/84 (1984), 501-517. Wiederabgedruckt in: Genforschung - Fluch oder Segen? Interdisziplinäre Stellungnahmen. Hrsg. R. Flöhl. München: J. Schweizer, 1985, 1-15, und in: Technik, Medizin und Ethik, 1985, 204-218.

Technique, moral et genetique, trad. par R. Brague, Communio, IX, Nr. 6 (1984), 46-65.

Warum wir heute eine Ethik der Selbstbeschränkung brauchen, in: Ethik der Wissenschaften? Philosophische Fragen. Hrsg. E. Ströker. München: 1984, 75-86.

Weder dem Wahren noch dem Guten ist damit gedient [Abdruck der Rede Technik, Ethik und biogenetische Kunst - Betrachtungen zur neuen Schöpferrolle des Menschen, gehalten auf der Jubiläumsveranstaltung Hundert Jahre Hoechst Pharma in Frankfurt am Main], FR, Nr. 156, 7. Juli 1984.

Das Recht zu sterben, Scheidewege, XIV (1984/85). Wiederabgedruckt in: Technik, Medizin und Ethik, 1985, 242-268.

Ethics and Biogenetic Art, Social Research, LII (1985), 491-504.

Werkzeug, Bild und Grab: Vom Transanimalischen im Menschen, Scheidewege, XV (1985/86), 47-58. Wiederabgedruckt in: Philosophische Untersuchungen, 1992, S. 34-49.

Prinzip Verantwortung. Zur Grundlegung einer Zukunftsethik, in: Zukunftsethik und Industriegesellschaft, Zukunftsethik 1. Hrsg. Th. Meyer und S. Miller. München: J. Schweizer, 1986, 3-14.

Warum unsere Technik ein vordringliches Thema für die Ethik geworden ist, in: Ethische Fragen an die moderne Naturwissenschaft. Zukunftsethik 3. Hrsg. H. Krautkrämer. Frankfurt/M. und München: J. Schweizer, 1987.

Technik, Freiheit und Pflicht, Frankfurter Rundschau, Nr. 236, 12. Okt. 1987 wie auch in: FAZ, 12. Oktober 1987. Abdruck der Rede gehalten in der Paulskirche am 11. Okt. 1987 anläßlich der Verleihung des Friedenspreises des deutschen Buchhandels.

Wiederabgedruckt in: Hans Jonas: Friedenspreis des deutschen Buchhandels 1987, wie auch in: Wissenschaft als persönliches Erlebnis, 1987.

Geist, Natur und Schöpfung: Kosmologischer Befund und kosmogonische Vermutung, Scheidewege, XVIII (1988/89), 17-33. Erweiterte Fassung in: Philosophische Untersuchungen, 1992, 209-259, und als Suhrkamp Taschenbuch u. d. T. Materie, Geist und Schöpfung, 1988.

Vergangenheit und Wahrheit. Ein später Nachtrag zu den sogenannten Gottesbeweisen, Scheidewege XX (1990/91), 1 - 13 . Wiederabgedruckt in: Philosophische Untersuchungen, 1992, 173-189.

Last und Segen der Unsterblichkeit, Scheidewege, XXI (1991/92), 26-40. Wiederabgedruckt in: Philosophische Untersuchungen, 1992, 81-100.

Fatalismus wäre Todsünde, Freie Universität - Info (Berlin), Nr. 7/1992, 2-3. Rede zur Verleihung der Ehrendoktorwürde durch die Freie Universität Berlin. Wiederabgedruckt in: Böhler/Neuberth (Hrsg.), 1993, 49-51.

Aktuelle ethische Probleme aus jüdischer Sicht, Scheidewege XXIV (1994/95).

(3) Bücher zu Hans Jonas (Auswahl)

Aland, B. (Hrsg.) Gnosis. Festschrift für Hans Jonas. Vandenhoeck & Ruprecht, Göttingen, 1978, 544 S. Mit einer Hans-Jonas-Bibliographie bis 1977.

Böhler, Dietrich und Rudi Neuberth (Hrsg.). Herausforderung Zukunftsverantwortung: Hans Jonas zu Ehren. Lit Verlag, Münster und Hamburg, 1992. Erweiterte Zweitauflage 1993, 132 S.

Hans Jonas: Ansprachen aus Anlaß der Verleihung (Friedenspreis des deutschen Buchhandels, 1987) Verlag der Buchhändler-Vereinigung, Frankfurt/M., 1987, 80 S. Mit einer Hans-Jonas-Bibliographie.

Hans Jonas zu Ehren: Reden aus Anlaß seiner Ehrenpromotion durch die Philosophische Fakultät der Universität Konstanz am 2. Juli 1991. Konstanzer Universitätsreden 183. Universitätsverlag Konstanz, Konstanz, 1992. 48 S.

Hottois, Gilbert. Aux londements d une ethique contemporaine. H. Jonas et H. T Engelhardt en perspective. Librairie Philosophique J. Vrin, Paris, 1993, 250 S.

Hottois, Gilbert, und Marie-Genevieve Pinsart (Hrsg.). Hans Jonas: Nature et responsabilite. Annales de l'Institut de Philosophie de l'Universite de Bruxelles. Librairie Philosophique J. Vrin, Paris, 1993, 189 S.

Müller, Wolfgang Erich. Der Begriff der Verantwortung bei Hans Jonas. Athenäum Monographien: Theologie; Band 1. Athenäum, Frankfurt/M., 1988, 148 S.

Poliwoda, Sebastian, Versorgung von Sein. Die philosophischen Grundlagen der Bioethik bei Hans Jonas. Dissertation. München, 1993.

Rath, Matthias. Intuition und Modell: Hans Jonas' "Prinzip Verantwortung" und die Frage nach einer Ethik für das wissenschaftliche Zeitalter. Europäische Hochschulschriften. Reihe 20: Philosophie, 231. Verlag Peter Lang, Frankfurt/M., Bern, New York, 1988, 166 S.

Spicker, S. E (Ed.) Organism, Medicine and Metaphysics: Essays in Honor of Hans Jonas. Reidel, Dordrecht, 1978. Mit einer Bibliographie der Schriften von Hans Jonas bis 1977.

Wendnagel, Johannes. Ethische Neubesinnung als Ausweg aus der Weltkrise? Ein Gespräch mit dem "Prinzip Verantwortung" von Hans Jonas. Unipress: Reihe Philosophie 7. Königshausen und Neumann, Würzburg, 1990.

Wetz, Franz Josef. Hans Jonas - Zur Einführung. Hamburg: Junius, 1994.

Wissenschaft und Verantwortung: Hans Jonas im Gespräch mit Rainer Hegselmann et al. Universität Bremen (Hrsg.) Christian Marzahn, Bremen, 1991.

(4) Medizinethische Publikationen mit zentralen Bezügen zum Werk von Hans Jonas

1. Ausgewählte Nachweise aus den Datenbanken
    BIOETHICSLINE, HECLINET, SOMED, EMBASE, DIMDI

Cooper F
The literature of medical ethics:
a review of the writings of Hans Jonas.
Journal of Medical Ethics, 2 (1): 39-43, 1976
ISSN: 0306-6800

Dörr W, Jonas H u.a. (Hrsg.)
Recht und Ethik in der Medizin.
Berlin, Heidelberg, New York, Springer 1982, 107 S.
Veröffentlichung aus der Forschungsstelle für theoretische Pathologie der Heidelberger Akademie der Wissenschaften.

Dönhoff M; Jonas H; Merkel R
Not compassion alone: on euthanasia and ethics –
interview with Hans Jonas.
Hastings Center Report, 25 (7; Spec. Iss.)
ISSN : 0093-0334

Donnelley S
Bioethical troubles: animal individuals and human organisms.
Hastings Center Report, 25 (7; Spec. Iss.) 21-29, 1995
ISSN : 0093-0334

Fethe C
Beyond voluntary consent:
Hans Jonas on the moral requirements of human experimentation.
Journal of Medical Ethics, 19 (2), 99-103, 1993
ISSN : 0306-6800

Hoffman JC
Clarifying the debate on death.
Soundings, 62(4): 430-447, 1979
ISSN : 0038-1861

Maio G
Das Prinzip Verantwortung in der Medizin - Eine kritische Würdigung der Verantwortungsethik von Hans Jonas, in: Frewer, A. und Winau, R. (Hrsg.) Grundkurs Ethik in der Medizin. Band 1, Geschichte und Theorie der Ethik in der Medizin, Palm & Enke, Erlangen und Jena, 1997
ISBN : 3-7896-0581-6

Piechowiak H (Hrsg.)
Ethische Probleme der modernen Medizin.
Moraltheologie interdisziplinär
Mainz   Matthias-Gruenewald 1985, 182 S.

Ramsey P
The benign neglect of defective infants.
In: his Ethics at the Edges of Life: Medical and Legal Intersections,1978
ISBN : 0-300-02137-2

Schafer A
Experimentation with human subjects:
a critique of the views of Hans Jonas.
Journal of Medical Ethics, 9 (2) 76-79, 1983
ISSN : 0-306-6800

Schreiner PW; Luther E; Salomon F
Ethik (Zusammenfassung von 6 Titeln)
Deutsche Krankenpflegezeitschrift Stuttgart   46 (1993), No.5,
2 Bilder; 3 Anschr.; zahlreiche Literaturhinweise
„Dass sie sich Grenzen setzt, ist erste Pflicht der Freiheit."
Zum Gedenken an Hans Jonas.

Soderberg WC
Genetic Obligations to Future Generations.
1991
University Microfilms International
Ann Arbor, MI

Vollmann J
Ethische Implikationen von Hans Jonas' "Prinzip Verantwortung" für die AIDS-
Problematik
MMG. Medizin Mensch Gesellschaft 16 (1991), Nr. 1, S. 53-60

2. Nachweise in der Datenbank MEDLINE EXPRESS 1992-1997

Baumgartner, Hans M.
Auf ein Wort. Brauchen wir eine neue Ethik? Eine Einrede.
(Can I have a word. Do we need a new ethics? Objection).
In: Zeitschrift für medizinische Ethik 1994;40(4):331-343

Baumgartner, Hans M.
Bedarf es einer Ethik der Wissenschaften? (Conference proceedings).
(Is there a need for an ethics of the sciences?).
In: Baumgartner, Hans M.; Becker, Werner eds. Grenzen der Ethik. München: Fink;
Schoeningh; 1994:89-105 (Ethik der Wissenschaften; 9) 36 fn.
ISBN: 3-506-72289-1

Bernstein, R. J.
Rethinking responsibility.
Graduate Faculty, New School for Social Research, New York, N.Y, USA.
Hastings-Cent-Rep. 1995; 25 (7 Spec No): 13-20
ISSN: 0093-0334

Bubner, Andrea (Hrsg.)
Aufsatz "Lasst uns einen Menschen klonieren: Von der Eugenik zur Gentechnologie"
(Let us create a man. From eugenics to gene technology) von Hans Jonas, in: Die
Grenzen der Medizin. Technischer Fortschritt, Menschenwürde und Verantwortung.
München: Heyne; 1993:116-152 (Heyne Sachbuch;19/270) 10 fn.
ISBN: 3-453-06637-5

Buch, Alois J.
Vergewisserung und Prüfung ethischer Entwürfe. Ein Lexikon und eine Monographie
aus der Moraltheologie. (Book review). (Checking and testing ethical models. An
encyclopedia and a monograph from moral theology). Zeitschrift für medizinische Ethik
1993;39(3):279-281

Donnelley, S.
Humans within nature. Hans Jonas and the imperative of responsibility.
Hastings Center, Briarcliff Manor, New York, USA.
Infect-Dis-Clin-North-Am. 1995 Jun; 9(2): 235-44
ISSN: 0891-5520

Frey, Christofer
Zum Verständnis des Lebens in der Ethik.
(The concept of life in connection with ethics).
Zeitschrift für Evangelische Ethik 1995; 39(1):8-25

Gethmann-Siefert, Annemarie
Metaphysische Voraussetzungen und praktische Konsequenzen des "Prinzips
Verantwortung". (Metaphysical prerequisites and practical consequences of the
"principle of obligation"). In: Beckmann, Jan P. ed. Fragen und Probleme einer
medizinischen Ethik. Berlin: de Gruyter; 1996:145-205
(Philosophie und Wissenschaft ; 10)
ISBN: 3-11-014782-3

Kass, L. R.
Appreciating The Phenomenon of Life.
University of Chicago, USA.
Hastings-Cent-Rep. 1995; 25(7 Spec No): 3-12
ISSN: 0093-0334

Körner, Uwe
Hirntod und Organtransplantation - die umstrittene Verfügung über das Sterben. (Brain death and organ transplantation - controversial disposal of death).
Zeitschrift für ärztliche Fortbildung 1994;88(3):195-209.

Körner, Uwe
Warum sollen wir nicht wissen können, was der Tod ist?
(Why should we not be able to find out what death is like?).
Ethik in der Medizin 1995;5(2):109-112

Krüskemper, Gertrud; Kugler, Joachim
Ethische Gesichtspunkte der Organspende.
(Ethical aspects of organ donation). In: Organspende - Organtransplantation: Tagungsband vom 14. März 1992 der Initiative Fortbildung in der Krankenpflege. Bochum: Brockmeyer; 1993:55-61
ISBN: 3-8196-0133-3

Kupatt, Christian
Das Unbehagen an der Hirntoddefinition.
(The feeling of unease with the definition of brain death). In: Der tote Mensch in Medizin, Theologie und Bestattungskultur. Perspektiven und Probleme im Umgang mit dem menschlichen Leichnam. Bad Segeberg: Evangelische Akademie Nordelbien; 1995:17-25
Note: Bad Segeberg, 20th-22nd January, 1995.

Kurreck, Jens
Primat der Furcht. Medizinische Gentechnologie und das "Prinzip Verantwortung".
(Primacy of fear. Medical gene technology and the "principle of responsibility"). In: Böhler, Dietrich (ed.) Ethik für die Zukunft. Im Diskurs mit Hans Jonas. Muenchen: Beck; 1994: 428-454 (Ethik im technischen Zeitalter)
ISBN: 3-406-38655-5

Meran, Johannes; Poliwoda, Sebastian
Der Hirntod und das Ende menschlichen Lebens.
(Brain death and the end of human life).
Ethik in der Medizin 1992;4(3):165-171

Murken, Jan D.
Medizinische Genetik. (Medical genetics). In: Rudolph, Günter (Hrsg.) Medizin und Menschenbild. Eine selbstkritische Bestandsaufnahme. Tübingen: Attempto; 1994:115-133 (Attempto Studium Generale) 29 fn.
ISBN: 3-89308-196-8

Nikolic, Danka (tr.) Jonas, Hans;
Gnosa, egzistencijalizam i nihilizam: Uvodna napomena
Izraz:-Casopis-za-Knjizevnu-i-Umjetnicku-Kritiku, Sarajevo, Bosnia and Herzegovina
(Izraz). 1990 Oct., 34:10, 366-381
ISSN: 0021-3381

Riesenhuber, Heinz
Die ethische Verantwortung der Wissenschaft. (Ethical responsibility of science).
Zeitschrift für medizinische Ethik 1995;41(3):173-184

Scheller, Wolf; Jonas, Hans
Das Prinzip Verantwortung. (Interview). (Principle of responsibility).
Politische Meinung 1993;38(284):91-95

Schreiner, Paul W. Prinzip Verantwortung - Wege zu einer integralen
Umweltwissenschaft. (Conference report; condensation) (Principle of responsibility -
ways to an integral environment science). Deutsche Krankenpflege-Zeitschrift
1993;46(10):732-733 Note: Symposion in memoriam Hans Jonas from 4th until 6th
Juni 1993; arranged by the Evangelische Akademie Hofgeismar in cooperation with the
faculty Evangelian Theology of Philipps-University, Marburg. Also published in: Ethik
Med 1993;5(4):208-210.

Schutze, C.
The political and intellectual influence of Hans Jonas.
Hastings-Cent-Rep. 1995; 25 (7 Spec No): 40-3
ISSN: 0093-0334

Sierck, Udo
Arbeit ist die beste Medizin. Zur Geschichte der Rehabilitationspolitik. (Book review).
(Work is the best medicine. The history of rehabilitation policy). 1999 1993;8(2):111-
113. Note: Arbeit ist die beste Medizin. Zur Geschichte der Rehabilitationspolitik;
(1992).

Stapenhorst, Kurd
Bedenkenswertes zur Herzverpflanzung. Die Transplantationschirugie im Widerstreit
der Meinungen. (Remarkable aspects to consider about heart transplantation.
Transplantation surgery in opposition with critical opinions). Scheidewege
1994;23(II):320-338 . 11 ref.

Staudinger, Hansjürgen
Anmerkungen zu den Kolloquien "Philosophische Ethik und praktisches Moral-
verhalten". In: Baumgartner, Hans M.; Becker, Werner eds. Grenzen der Ethik.
München: Fink; Schoeningh; 1994:77-87 (Ethik der Wissenschaften; 9). 30 ref.
ISBN: 3-506-72289-1

Stellamor, K.
Krise der Medizinethik.
(The Crisis of Ethics in Medicine).
Wiener Medizinische Wochenschrift, 1996
146(18).

Thimm, Walter
Medizinethik und Behindertenpädagogik. Anmerkungen aus der Sicht der Behindertenpädagogik. In: Zwierlein, Eduard ed. Gen-Ethik: zur ethischen Herausforderung. Idstein: Schulz-Kirchner; 1993:81-93 (Philosophisches Forum;2). ISBN: 3-8248-0074-8

Tuerk, Hans J.
Der Hirntod in philosophischer Sicht.
(Brain death from philosophical viewpoint).
Zeitschrift für medizinische Ethik 1997;43(1):17-29

Vogel, L.
Does environmental ethics need a metaphysical grounding?
Department of Philosophy, Connecticut College, New London, USA.
Hastings-Cent-Rep. 1995; 25 (7 Spec No): 30-9
ISSN: 0093-0334

Wagner, Wolfgang (ed.)
Aufsatz "Im Dienste des medizinischen Fortschritts: Über Versuche an menschlichen Subjekten". (In service of medical progress: about experimentations on human subjects) von Hans Jonas, in: Arzneimittel und Verantwortung. Grundlagen und Methoden der Pharmaethik. Berlin: Springer; 1993:120-150 ISBN: 3-540-55927-2
Note: Firstly published in: Jonas, H. Technik, Medizin und Ethik. Insel: Frankfurt, 1985.

Wiesing, Urban
Zur Verantwortung des Arztes.
(Physician's responsibility). Stuttgart-Bad Cannstatt: frommann-holzboog; 1995. 190 p. (problemata;137). Note: Bibliography pp. 175-190. 200 ref.
ISBN: 3-7728-1694-0

Wuermeling, H.-B.
Klonen. (Editorial). (Cloning).
Rechtsmedizin 1994; 4(2): 47-48

3. Originalartikel mit Bezügen zu Hans Jonas aus der Datenbank des "Science Citation Index" (SCISEARCH)

BELSEY A
PATIENTS, DOCTORS AND EXPERIMENTATION - DOUBTS ABOUT THE
DECLARATION OF HELSINKI JOURNAL OF MEDICAL ETHICS
VOL.4 [N4],PG:182-185,1978, GENUINE-ARTICLE
ISSN: 0306-6800

BENGERSHOM E
ETHICAL ASPECTS OF CLINICAL-CHEMISTRY
JOURNAL OF MEDICAL ETHICS
VOL.9 [N4],PG:207-210,1983, GENUINE-ARTICLE
ISSN: 0306-6800

BERG JW
LEGAL AND ETHICAL COMPLEXITIES OF CONSENT WITH COGNITIVELY
IMPAIRED RESEARCH SUBJECTS - PROPOSED GUIDELINES
JOURNAL OF LAW MEDICINE & ETHICS
VOL.24 [N1],PG:18-35,1996 SPR, GENUINE-ARTICLE
ISSN: 0277-8459

BERNAT JL; CULVER CM; GERT B
ON THE DEFINITION AND CRITERION OF DEATH
ANNALS OF INTERNAL MEDICINE
VOL.94 [N3],PG:389-394,1981, GENUINE-ARTICLE
ISSN: 0003-4819

BRENNAN TA
ETHICS COMMITTEES AND DECISIONS TO LIMIT CARE - THE EXPERIENCE AT
THE MASSACHUSETTS-GENERAL-HOSPITAL
JAMA-JOURNAL OF THE AMERICAN MEDICAL ASSOCIATION
VOL.260 [N6],PG:803-807,1988, GENUINE-ARTICLE
ISSN: 0098-7484

BROWNE A
WHOLE-BRAIN DEATH RECONSIDERED
JOURNAL OF MEDICAL ETHICS
VOL.9 [N1],PG:28,1983, GENUINE-ARTICLE
ISSN: 0306-6800

CABELLO F
HUMAN-EXPERIMENTATION, HUMAN-RIGHTS AND MEDICAL-ETHICS
REVISTA MEDICA DE CHILE
VOL.112 [N9],PG:931-934,1984, GENUINE-ARTICLE
ISSN: 0034-9887

CAPRON AM
PROTECTION OF RESEARCH SUBJECTS - DO SPECIAL RULES APPLY IN
EPIDEMIOLOGY
JOURNAL OF CLINICAL EPIDEMIOLOGY

VOL.44 [S1],PG:S 81-S 89,1991, GENUINE-ARTICLE
ISSN: 0895-4356

DAUGHERTY CK; SIEGLER M; RATAIN MJ; ZIMMER G
LEARNING FROM OUR PATIENTS - ONE PARTICIPANTS IMPACT ON CLINICAL-
TRIAL RESEARCH AND INFORMED CONSENT
ANNALS OF INTERNAL MEDICINE
VOL.126 [N11],PG:892-897,1997 JUN 1, GENUINE-ARTICLE
ISSN: 0003-4819

DRESSER R
MENTALLY-DISABLED RESEARCH SUBJECTS - THE ENDURING POLICY ISSUES
JAMA-JOURNAL OF THE AMERICAN MEDICAL ASSOCIATION
VOL.276 [N1],PG:67-72,1996 JUL 3, GENUINE-ARTICLE
ISSN: 0098-7484

EBERBACH W
THE UNCONSCIOUSNESS OF FREEDOM OR THE POWER OF RESPONSIBILITY -
PRESENTED IN GENETIC RESEARCH IN HUMANS
INTERNIST
VOL.27 [N2],PG:99-108,1986, GENUINE-ARTICLE
ISSN: 0020-9554

ESER A
LEGAL VIEW OF CONTROLLED PHARMACEUTICAL TESTING - RESPONSIBILITY
REQUIREMENTS OF THE LAWS GOVERNING THE MANUFACTURE AND
PRESCRIPTION OF MEDICATIONS
INTERNIST
VOL.23 [N4],PG:218-226,1982, GENUINE-ARTICLE
ISSN: 0020-9554

EVANS M
DEATH IN DENMARK
JOURNAL OF MEDICAL ETHICS
VOL.16 [N4],PG:191-194,1990, GENUINE-ARTICLE
ISSN: 0306-6800

FETHE C
BEYOND VOLUNTARY CONSENT - JONAS,HANS ON THE MORAL
REQUIREMENTS OF HUMAN-EXPERIMENTATION
JOURNAL OF MEDICAL ETHICS
VOL.19 [N2],PG:99-103,1993 JUN, GENUINE-ARTICLE
ISSN: 0306-6800

FOX RC
MORE THAN BIOETHICS
HASTINGS CENTER REPORT
VOL.26 [N6],PG:5-7,1996 NOV-DEC, GENUINE-ARTICLE
ISSN: 0093-0334

FRADER J
THE QUINLAN CASE REVISITED - COMMENTARY

JOURNAL OF HEALTH POLITICS POLICY AND LAW
VOL.21 [N2],PG:367-372,1996 SUM, GENUINE-ARTICLE
ISSN: 0361-6878

HAUPTMAN R
CYBERETHICS AND SOCIAL STABILITY
ETHICS & BEHAVIOR
VOL.6 [N2],PG:161-163,1996, GENUINE-ARTICLE
ISSN: 1050-8422

HEWLETT S
CONSENT TO CLINICAL RESEARCH - ADEQUATELY VOLUNTARY OR SUBSTANTIALLY INFLUENCED
JOURNAL OF MEDICAL ETHICS
VOL.22 [N4],PG:232-237,1996 AUG, GENUINE-ARTICLE
ISSN: 0306-6800

HOLLENBERG NK
ALTRUISM AND COERCION - SHOULD CHILDREN SERVE AS KIDNEY DONORS
NEW ENGLAND JOURNAL OF MEDICINE
VOL.296 [N7],PG:390-391,1977, GENUINE-ARTICLE
ISSN: 0028-4793

HOLTUG N
HUMAN GENE-THERAPY - DOWN THE SLIPPERY SLOPE
BIOETHICS
VOL.7 [N5],PG:402-419,1993 OCT, GENUINE-ARTICLE
ISSN: 0269-9702

KASS LR
ETHICAL DILEMMAS IN THE CARE OF THE ILL.
WHAT IS THE PATIENTS GOOD?
JAMA-JOURNAL OF THE AMERICAN MEDICAL ASSOCIATION
VOL.244 [N17],PG:1946-1949,1980, GENUINE-ARTICLE
ISSN: 0098-7484

KATZ J
DO WE NEED ANOTHER ADVISORY
COMMISSION ON HUMAN-EXPERIMENTATION?
HASTINGS CENTER REPORT
VOL.25 [N1],PG:29-31,1995 JAN-FEB, GENUINE-ARTICLE
ISSN: 0093-0334

KOTTOW MH
ORGANISM AS THE PURPOSE OF MEDICINE
MEDICAL HYPOTHESES
VOL.12 [N1],PG:1-9,1983, GENUINE-ARTICLE
ISSN: 0306-9877

KOTTOW M
MEDICAL-ETHICS - WHO DECIDES WHAT
JOURNAL OF MEDICAL ETHICS

VOL.9 [N2],PG:105-108,1983, GENUINE-ARTICLE
ISSN: 0306-6800

LEMMENS T
EUTHANASIA AND THE GOOD LIFE
PERSPECTIVES IN BIOLOGY AND MEDICINE
VOL.39 [N1],PG:15-27,1995 FAL, GENUINE-ARTICLE
ISSN: 0031-5982

LISTER D
ETHICAL ISSUES IN INFANTICIDE OF SEVERELY DEFECTIVE INFANTS
CANADIAN MEDICAL ASSOCIATION JOURNAL
VOL.135 [N12],PG:1401-1404,1986, GENUINE-ARTICLE
ISSN: 0820-3946

LOEWY EH
TREATMENT DECISIONS IN THE MENTALLY IMPAIRED - LIMITING BUT NOT
ABANDONING TREATMENT
NEW ENGLAND JOURNAL OF MEDICINE
VOL.317 [N23],PG:1465-1469,1987, GENUINE-ARTICLEISSN: 0028-4793

MACKILLOP WJ; JOHNSTON PA
ETHICAL PROBLEMS IN CLINICAL RESEARCH - THE NEED FOR EMPIRICAL-
STUDIES OF THE CLINICAL-TRIALS PROCESS
JOURNAL OF CHRONIC DISEASES
VOL.39 [N3],PG:177-188,1986, GENUINE-ARTICLE

MAY WW
COMPOSITION AND FUNCTION OF ETHICAL COMMITTEES
JOURNAL OF MEDICAL ETHICS
VOL.1 [N1],PG:23-29,1975, GENUINE-ARTICLE
ISSN: 0306-6800

MCCUE JD
THE NATURALNESS OF DYING
JAMA-JOURNAL OF THE AMERICAN MEDICAL ASSOCIATION
VOL.273 [N13],PG:1039-1043,1995 APR 5, GENUINE-ARTICLE
ISSN: 0098-7484

MCMILLAN RC
RESPONSIBILITY TO OR FOR IN THE PHYSICIAN-PATIENT RELATIONSHIP
JOURNAL OF MEDICAL ETHICS
VOL.21 [N2],PG:112-115,1995 APR, GENUINE-ARTICLE
ISSN: 0306-6800

MERTON V
THE EXCLUSION OF PREGNANT, PREGNABLE, AND ONCE-PREGNABLE
PEOPLE (AKA WOMEN) FROM BIOMEDICAL-RESEARCH
AMERICAN JOURNAL OF LAW & MEDICINE
VOL.19 [N4],PG:369-451,1993, GENUINE-ARTICLE
ISSN: 0098-8588

MESLIN EM; SUTHERLAND HJ; LAVERY JV; TILL JE
PRINCIPLISM AND THE ETHICAL APPRAISAL OF CLINICAL-TRIALS
BIOETHICS
VOL.9 [N5],PG:399-418,1995 OCT, GENUINE-ARTICLE
ISSN: 0269-9702

MILLER PJ
DEATH WITH DIGNITY AND THE RIGHT TO DIE - SOMETIMES DOCTORS HAVE A
DUTY TO HASTEN DEATH
JOURNAL OF MEDICAL ETHICS
VOL.13 [N2],PG:81-85,1987, GENUINE-ARTICLE
ISSN: 0306-6800

MüLLERöRLINGHAUSEN B
THE PLACEBO PROBLEM - INDIVIDUAL AND SOCIO-ETHICAL CONSIDERATIONS
ON THE CONTROLLED THERAPEUTIC TRIAL
MÜNCHENER MEDIZINISCHE WOCHENSCHRIFT
VOL.125 [N5],PG:80-84,1983, GENUINE-ARTICLE
ISSN: 0341-3098

NELSON LJ
ETHICS AND RESEARCH INVOLVING CELIBATE RELIGIOUS GROUPS
CLINICAL RESEARCH
VOL.26 [N5],PG:322-329,1978, GENUINE-ARTICLE
ISSN: 0009-9279

PIECHOWIAK H
INVITRO FERTILIZATION AND EMBRYO TRANSFER -
A MATTER OF MEDICAL-ETHICS
WIENER KLINISCHE WOCHENSCHRIFT
VOL.96 [N8],PG:271-276,1984, GENUINE-ARTICLE
ISSN: 0043-5325

PIECHOWIAK H
THE MULTIPLIED HUMAN INDIVIDUAL
MEDIZINISCHE KLINIK
VOL.79 [N8],PG:242-244,1984, GENUINE-ARTICLE
ISSN: 0723-5003

PURTILO R; SONNABEND J; PURTILO DT
CONFIDENTIALITY, INFORMED CONSENT AND UNTOWARD SOCIAL-
CONSEQUENCES IN RESEARCH ON A NEW KILLER DISEASE (AIDS)
CLINICAL RESEARCH
VOL.31 [N4],PG:464-472,1983, GENUINE-ARTICLE
ISSN: 0009-9279

REDMON RB
HOW CHILDREN CAN BE RESPECTED AS ENDS YET STILL BE USED AS
SUBJECTS IN NON-THERAPEUTIC RESEARCH
JOURNAL OF MEDICAL ETHICS
VOL.12 [N2],PG:77-82,1986, GENUINE-ARTICLE
ISSN: 0306-6800

ROY DJ
CONTROLLED CLINICAL-TRIALS - AN ETHICAL IMPERATIVE
JOURNAL OF CHRONIC DISEASES
VOL.39 [N3],PG:159-162,1986, GENUINE-ARTICLE

ROY DJ
THE ETHICS OF BIOMEDICINE
SO: CANADIAN MEDICAL ASSOCIATION JOURNAL
VOL.125 [N7],PG:689-691,1981, GENUINE-ARTICLE
ISSN: 0820-3946

ROY DJ
ETHICS IN CLINICAL RESEARCH AND CLINICAL-PRACTICE
CLINICAL AND INVESTIGATIVE MEDICINE-MEDECINE
CLINIQUE ET EXPERIMENTALE
VOL.9 [N4],PG:283-289,1986, GENUINE-ARTICLE
ISSN: 0147-958X

SACHS GA; STOCKING CB; STERN R;
COX DM; HOUGHAM G; SACHS RS
ETHICAL ASPECTS OF DEMENTIA RESEARCH -
INFORMED CONSENT AND PROXY CONSENT
CLINICAL RESEARCH
VOL.42 [N3],PG:403-412,1994 OCT, GENUINE-ARTICLE

SCHMID RGR
GENE-THERAPY - CURRENT MEDICAL AND ETHICAL POSITION
DEUTSCHE MEDIZINISCHE WOCHENSCHRIFT
VOL.120 [N36],PG:1212-1218,1995 SEP 8,
ISSN: 0012-0472

SHORR AF; HAYES RP; FINNERTY JF
THE EFFECT OF A CLASS IN MEDICAL-ETHICS
ON 1ST-YEAR MEDICAL-STUDENTS
ACADEMIC MEDICINE
VOL.69 [N12],PG:998-1000,1994 DEC, GENUINE-ARTICLE
ISSN: 1040-2446

SCHAFER A
EXPERIMENTATION WITH HUMAN-SUBJECTS -
A CRITIQUE OF THE VIEWS OF HANS JONAS
JOURNAL OF MEDICAL ETHICS
VOL.9 [N2],PG:76-79,1983, GENUINE-ARTICLE
ISSN: 0306-6800

SCHWARTZ MA; WIGGINS O
SCIENCE, HUMANISM, AND THE NATURE OF MEDICAL-PRACTICE - A
PHENOMENOLOGICAL VIEW
SO: PERSPECTIVES IN BIOLOGY AND MEDICINE
VOL.28 [N3],PG:331-361,1985, GENUINE-ARTICLE
ISSN: 0031-5982

SIMPSON JS
INFORMED CONSENT - A MEDICAL VIEWPOINT
MEDICAL JOURNAL OF AUSTRALIA
VOL.1 [N4],PG:169-171,1981, GENUINE-ARTICLE
ISSN: 0025-729X

SYMONDS A
WOMENS-LIBERATION - EFFECT ON PHYSICIAN-PATIENT RELATIONSHIP
NEW YORK STATE JOURNAL OF MEDICINE
VOL.80 [N2],PG:211-215,1980, GENUINE-ARTICLE
ISSN: 0028-7628

THOMASMA DC
BEYOND MEDICAL PATERNALISM AND PATIENT AUTONOMY - A MODEL OF
PHYSICIAN CONSCIENCE FOR THE PHYSICIAN-PATIENT RELATIONSHIP
ANNALS OF INTERNAL MEDICINE
VOL.98 [N2],PG:243-248,1983, GENUINE-ARTICLE
ISSN: 0003-4819

WATSON AB
INFORMED CONSENT OF SPECIAL SUBJECTS
NURSING RESEARCH
VOL.31 [N1],PG:43-47,1982, GENUINE-ARTICLE

WEINSTEIN MC
ALLOCATION OF SUBJECTS IN MEDICAL EXPERIMENTS
NEW ENGLAND JOURNAL OF MEDICINE
VOL.291 [N24],PG:1278-1287,1974, GENUINE-ARTICLE
ISSN: 0028-4793

WHITE LJ
COGNITIVELY IMPAIRED SUBJECTS
ANNALS OF INTERNAL MEDICINE
VOL.111 [N10],PG:b843-850,1989, GENUINE-ARTICLE
ISSN: 0003-4819

ZIMMERLI WC
WHO HAS THE RIGHT TO KNOW THE GENETIC
CONSTITUTION OF A PARTICULAR PERSON?
CIBA FOUNDATION SYMPOSIA
VOL.149, PG:b93-110,1990, GENUINE-ARTICLE

Erlanger Studien zur Ethik in der Medizin

Band 1   „**Person und Ethik**", Verlag Palm & Enke, 1993
136 Seiten, 12 Abbildungen, DM 28,-; ISBN-Nr. 3-7896-0517-4

Beiträge von H. Burkhardt, J. Joerden, G. Stotz, R. Spaemann,
C. Wiesemann, H.-B. Wuermeling; hrsg. von A. Frewer und C. Rödel

Band 2   „**Prognose und Ethik**", Verlag Palm & Enke, 1994
132 Seiten, 42 Abbildungen, DM 28,-; ISBN-Nr. 3-7896-0537-9

Beiträge von W. Wieland, K. Raschzok, R. Sauer, R. Wittern-Sterzel,
C. Wiesemann, H.-B. Wuermeling; hrsg. von A. Frewer und C. Rödel

Band 3   „**Zur ethischen Kultur der Humanmedizin**", Palm & Enke, 1996
120 Seiten, Titelabbildung, DM 32,-; ISBN-Nr. 3-7896-0564-6

Beiträge von C. Wiesemann, G. Roth, H. Piechowiak, V. Eid,
U. Wiesing und H.-M. Sass; mit einem Vorwort hrsg. von A. Frewer

Band 4   „**Herztransplantation und Ethik**", Verlag Palm & Enke, 1996
112 Seiten, Titelabbildung, DM 26,-; ISBN-Nr. 3-7896-0569-7

Beiträge von T. Schlich, R. Falter und R. Ruden; mit einem Vorwort und
einer Kurzbibliographie hrsg. von A. Frewer, M. Köhler und C. Rödel

Band 5   „**Medizin und Ethik im Zeichen von Auschwitz - 50 Jahre
Nürnberger Ärzteprozeß**", Verlag Palm & Enke, 1996

Beiträge von R. Winau, G. Maio, P. Weindling, G. Baader, U. Wiesing
und R. Koch; mit Vorwort hrsg. von C. Wiesemann und A. Frewer,
136 Seiten, Titelabbildung, DM 32,-; ISBN-Nr. 3-7896-0570-0

Weitere Bücher zur Medizinethik im Verlag Palm & Enke, Erlangen und Jena:

"Ethik im Studium der Humanmedizin" (hrsg. von A. Frewer)
Lehrsituation und Reformperspektive an deutschen Universitäten

Teil I, 1993, 120 Seiten, DM 18,-; ISBN-Nr. 3-7896-0524-7

mit Analysen zur Situation in Berlin, Heidelberg, Freiburg, Erlangen und Aachen
Beiträge von R. Dressel, G. Fabry, A. Frewer, M. Gress-Heister, B. Hangarter,
M. Möhler, S. Schmidt-Troschke, C. Schmidt, G. Sitzler und C. Wiesemann

Teil II, 1994, 116 Seiten, DM 18,-; ISBN-Nr. 3-7896-0536-0

mit Analysen zur Situation in der DDR, Marburg, Kiel, Würzburg, Berlin, Tübingen
und Münster etc. Beiträge von F. Fehr, A. Frewer, A. Herbst, T. Krause,
N. Moriabadi, F. Prütz, S. Pünt, M. Stuhlinger und U. Wiesing